福祉に携わる人
のための人権読本

第2版

山本克司 著

法律文化社

　社会福祉は，私たちの個人の尊厳を保持する手段として大きな役割をもち，福祉従事者には，福祉の担い手として高い人権意識が求められます。しかし，現実の福祉現場では，福祉の根幹である人権への理解は，感情や経験が先行し，人権理論の裏づけは十分とはいえません。曖昧な人権理解では，利用者の人権や権利擁護が不十分になるばかりか，福祉従事者自身の人権保障も不十分になり，結果として質の高い福祉サービスの提供が期待できなくなります。

　それゆえ，質の高い福祉サービスの実現には，福祉従事者 1 人ひとりが憲法理論（人権論）に裏打ちされた正確な知識をもつことが必要です。具体的には「個人の尊厳とは何か」，「基本的人権とは何か」，「自由とは何か」，「自己決定はなぜ必要か」，「自立支援の意義は何か」，「人権の調整はどうするのか」などを自分の頭で考えることができるようになることが求められます。

　ところが，従来の人権論は，必ずしも福祉現場を意識したものではないために，福祉従事者にとって現場で直面する人権問題に活用することが容易ではありませんでした。そこで，私は福祉従事者が人権論をできる限り容易に理解でき，自信と安心感と誇りをもって現場で具体的に活用できるようにとの思いから本書を執筆しました。本書は，人権学習の初心者を対象に考えているため，文体は口語体で，法律用語は平易な表現にしています。

　本書の内容についてふれておきます。第Ⅰ部で人権の意義と歴史について記述しています。人権は，私たちの歴史のなかで形成された人類共通の何ものにもかえがたい大切な財産だからです。私たちは，個人の尊厳を守る手段として，人権という人類共通のかけがえのない財産を受け継ぎ，大切に育み，後世に伝えるために，人権の歴史を知らなければなりません。

　第Ⅱ部では，福祉現場と人権問題のかかわりを記述しています。福祉従事者は，利用者の人権尊重を最優先すべきですが，利用者は社会の一員である以上，当然に人権保障には制約があります。利用者と他の利用者の人権調整，利用者と施設職員との人権調整など，福祉従事者には，精緻で公平・公正な人権

調整能力が求められます。もちろん，福祉従事者自身が自分の人権を守ることも大切なことです。この観点から，少しむずかしいかもしれませんが，「人権調整基準」について学んで欲しいと思います。また，具体的な人権については，福祉現場で問題となる頻度が高い平等権，財産権，生存権について基本的な知識と問題解決の視点を記述しています。加えて，福祉従事者は，利用者の人権・権利擁護の役割を担うため，人権救済手段についての知識が求められます。この点から，裁判所の役割と行政不服申立てについて記述してあります。

　第Ⅲ部では，第Ⅰ部，第Ⅱ部で学んだ人権の知識をより具体的に理解するために，社会福祉援助技術のなかでどのように利用するか，施設のリスクマネジメントにどのように対応するかを記述しています。社会福祉援助技術は，人権論の裏づけがあることにより，利用者への援助効果を一層期待することができるようになります。また，人権への視点が施設のリスク回避にとって重要な手段となります。

　ところで，法律家の教育には，いかなる事案においても柔軟に対応できる法的思考能力（リーガルマインド）の養成が必要になります。本書の最後では，人権の視点から事例分析能力を養成するために社会福祉事例演習を入れておきました。私はこれをあえて「ソーシャル・リーガルマインド」の養成と呼んでおきます。

　本書の利用法についてふれておきます。本文の内容を自分の頭で具体的に理解するために，知識チェックポイントを作成しました（巻末に解答と説明を一括して掲載しました）。自力で問題を解いていく過程で，自然と「ソーシャル・リーガルマインド」が養成されると思います。また，巻末に資料としてあげた日本国憲法の条文やソーシャルワーカーの倫理綱領にも実際に目を通して下さい。

　最後に本書の企画段階から校正まで編集部の舟木和久氏には大変お世話になりました。衷心より感謝申し上げます。

　　　2023年9月

　　　　　　　　　　　　　　　　　　　　　　　　　　　　山本　克司

＜参 考 文 献＞

平田厚『社会福祉法人・福祉施設のための実践・リスクマネジメント』（全国社会福祉協議会，2002年）

池田直樹・谷村慎介・佐々木育子『Q&A 高齢者虐待対応の法律と実務』（学陽書房，2007年）

山田滋『事故例から学ぶデイサービスの安全な介護──チェックリスト付き──』（筒井書房，2008年）

芦部信喜・高橋和之補訂『憲法〔第7版〕』（岩波書店，2022年）

秋元美世・藤村正之・大島巌・森本佳樹・芝野松次郎・山縣文治編『現代社会福祉辞典』（有斐閣，2003年）

後藤光男『図解雑学憲法』（ナツメ社，2004年）

日本社会福祉士養成校協会監修『社会福祉士国家試験過去問一問一答＋α 2008専門科目編』（中央法規出版，2007年）

山田卓生『私事と自己決定』（日本評論社，1987年）

樋口陽一・大須賀明編『日本国憲法資料集──憲法論議編──』（三省堂，1994年）

伊藤真『伊藤真試験対策講座12　親族・相続〔第4版〕』（弘文堂，2021年）

東京都社会福祉協議会編『成年後見制度とは…──制度を理解するために──〔改訂版〕』（東京都社会福祉協議会，2006年）

高橋和之・伊藤眞・小早川光郎・能美善久・山口厚編『法律学小事典〔第5版〕』（有斐閣，2016年）

村岡潔・山本克司編著『医療・看護に携わる人のための人権・倫理読本』（法律文化社，2021年）

齋藤敏靖・髙山直樹・山本克司編著『権利擁護を支える法制度』（中央法規，2021年）

藤巻秀夫・小橋昇・前津榮健・木村恒隆『ベーシック行政法〔第3版〕』（法律文化社，2021年）

『福祉に携わる人のための人権読本〔第2版〕』●目　　次●

v

Ⅲ 福祉現場における人権保障の課題

I

人権の意義と歴史を考えよう

個人の尊厳と基本的人権

キーワード

個人の尊厳　　個人の尊重　　人間の尊厳　　人権の固有性・不可侵性・普遍性
自由　　基本的人権　　自由権　　平等権　　社会権　　新しい人権

1　個人の尊厳の意義

　福祉業務に携わるみなさんは，日頃の職務のなかで，利用者の「個人の尊厳」保障という言葉を耳にすると思います。また，「個人の尊厳」とよく似た「個人の尊重」とか「人間の尊厳」という言葉も聞くと思います。これらの言葉は憲法学の通説で，すべて同じ概念であると考えています。そこで，本書では，これらを「個人の尊厳」という言葉で統一してお話します。

　個人の尊厳が，「すべて国民は，個人として尊重される」として，規定されている憲法13条は，基本的人権の中核規定です。私たちの人権は，この個人の尊厳を具体的に表現するものとして規定されているのです。個人の尊厳とは，別の表現をすれば，私たち1人ひとりの「幸せ」を尊重しようということです。

　ところで，みなさんの幸せとはなんでしょうか。好きなものを食べること，寝ること，遊ぶこと，家族と一緒にいること，健康でいること等，いろいろあります。これらには，共通点があります。それは，誰にも邪魔をされたり，介入されたりすることなく，自分の思い通りの生活を送ることです。すなわち，「自分らしさの実現」です。このことを最大限尊重することが「個人の尊厳」の保障なのです。ただし，個人の尊厳は，単なる自分の利益のみを追い求める

利己主義とは違います。利己主義は，社会のなかで自分の利益のみを追求するものですが，個人の尊厳は社会の構成員1人ひとりを大切にするというものであり，両者は本質的に異なります。

　福祉の現場では，利用者が何を生きる喜びとし，何を自分らしさとしているかを日頃から観察・理解し，それを実現できるように支援することが，利用者個人の尊厳を保障することにつながります。なお，裁判例は，「個人の尊重は，近代法の根本理念の一つであり，また日本国憲法のよって立つところでもある個人の尊厳と言う思想は，相互の人格が尊重され，不当な干渉から自我が保護されることによって初めて確実なものとなる」（東京地判昭和39年9月28日）と判断しています。

　なお，個人の尊厳を具体化する人権の性質には，人権の固有性，不可侵性，普遍性があります。まず，固有性とは，人権は天皇や憲法により与えられたものではなく，人間であることにより当然に有する権利であるということです。戦前の明治憲法では，人権は天皇の恩恵として与えられていたにすぎませんでした。天皇の名のもと，召集令状一枚で戦地に赴き命を落とした人が数多くいました。それと対比すると，日本国憲法下の人権保障の厚さが理解できると思います。この固有性から，憲法に人権規定がなくても，新しい人権が導き出されるのです。

　不可侵性とは，人権が国家権力により侵害されないことを意味します。これは，国民の人権を侵害するような法律（たとえば，戦前の治安維持法など）を否定できることに意味があります。しかし，私たちが社会で共生する以上，当然に人権には制約が発生します。

　普遍性とは，人権は，人種，性別，社会的身分，出身階層などの区別に関係なく人間であることで当然に有する権利であるということです。

▶福祉的視点による個人の尊厳保障◀

❶　日常生活で利用者と言語や身振り・感情表現などの非言語を通してコミュニケーションを図り，その人らしい生活とは何かを理解するよう努めましょう。

❷　利用者の自己決定を尊重し，支援者の価値観の押し付けは控えましょう。

❸　利用者を対等な社会の一員として敬意ある態度で迎える感情と環境を形成しましょう。

❹　利用者自身の力を信じ，自立支援を心がけましょう。

❺　社会的なハンディキャップや不正義に対しては，利用者の代弁者として利用者の人権や権利・利益を擁護しましょう。

❻　利用者の人権と他者の人権が衝突するときは，制約の目的を考えて利用者の必要最小限度の人権制約を心がけましょう。

2　個人の尊厳保障の歴史

　では，なぜ，個人の尊厳は人権の中核なのでしょうか。個人の尊厳は，人類の長い歴史のなかで多くの人の命をかけた戦いのなかで人々に認識され，保障されるようになりました。ヨーロッパでは，自分たちの自由な活動を国王に認めさせようと近代市民革命が起こりました。わが国でも男女差別と思想差別などいろいろな差別と闘い平等を勝ち得たり，悲惨な戦争を体験し，命の大切さや平和の尊さを学びました。また，人類の歴史のなかで何度となく飢えや病気に苦しめられ，健康で文化的な生活の尊さを学びました。多くの人々が血を流し，命を落とし，自由を束縛されてようやく手に入れたものが人間の価値の尊さ，すなわち個人の尊厳なのです。いわば，個人の尊厳は人類のかけがえのない財産なのです。

　また，個人の尊厳にはキリスト教の影響もあります。旧約聖書の創世記第1章27節には「神はご自分にかたどって人を創造された。神にかたどって創造された。男と女に創造された」とあります。つまり，人間は神に最も近い創造物ということになります。ここから，ヨーロッパでは個人の尊厳が大切にされるようになったのです。

　日本国憲法により保障される「個人の尊厳」は，憲法を起草したGHQ（連合国軍総司令部）を通して欧米の人権の歴史や人類の英知を受け継いでいるのです。

3 基本的人権の種類と体系

　みなさんは，人権と基本的人権の違いを意識したことがありますか。実は，言葉として大きな違いはありません。日本では，人権という言葉は明治憲法の時代から使われていましたが，基本的人権という言葉は使われていませんでした。日本ではじめて基本的人権が用いられたのは，ポツダム宣言（1945年）が出されたときです。以後，この言葉はGHQを通して日本国憲法草案に引き継がれ，現在の日本国憲法に「基本的人権」と明記されたのです。

　人権の中核「個人の尊厳」は抽象的です。抽象的な概念では私たちらしい生活を守ることができません。そこで，私たちを守る手段として明文規定として具体化したものが「基本的人権」なのです。私たちらしさを最大限尊重するとは，私たちの行動が誰にも介入されたり，干渉されたりしないことです。ここから，個人の尊厳を保障する最も重要な人権として自由権が出てくるのです。自由権とは，他人の介入を排除して，個人の自由を保障する権利をいいます。国王や国家機関が，私たちらしい生活に介入し，侵害した歴史から，侵害の主体である他人とは，とくに国家を意味しています。

　しかし，私たちは，自由だけでは個人の尊厳を守ることができません。自由だけで幸せな人は，社会的に強い人だけです。財産，社会的地位，権力，健康などがあり，自分の力で思うように生きることができる人にとって自由は，自分の思いを実現できる重要な手段なのです。一方，社会的に弱い立場にある人，たとえば重い病気の人，重度の障害をもつ人や体力が弱い高齢者，あるいは極度の生活困窮者などは，自分の力だけでは生きていくことができません。これらの人々の個人の尊厳を守るには，国家が介入して人間に値する生活を保障する必要があります。これが，社会権です。社会権の中心にあるのは，すべての国民が健康で文化的な最低限度の生活を享受できるように保障する生存権です。

　また，私たちは，社会のなかで生活しています。社会のなかで誰もが同じ価

図表1　日本国憲法の基本的人権一覧

自由権	精神的自由	思想・良心の自由（19条） 信教の自由（20条） 表現の自由（21条） 学問の自由（23条）
	経済的自由	居住・移転・職業選択の自由（22条） 財産権の保障（29条）
	人身の自由	奴隷的拘束・苦役からの自由（18条） 法定手続の保障（31条） 逮捕に対する保障（33条） 抑留・拘禁に対する保障（34条） 住居侵入・捜索・押収に対する保障（35条） 拷問・残虐な刑罰の禁止（36条） 刑事被告人の諸権利保障（37条） 不利益な供述の強要禁止の保障（38条） 遡及処罰の禁止・二重処罰の禁止（39条）
平等権	法の下の平等（14条） 両性の本質的平等（24条） 教育の機会均等（26条） 議員・選挙人資格の平等（44条）	
社会権	生存権（25条） 教育を受ける権利（26条） 勤労の権利（27条） 労働三権（労働者の団結権・団体交渉権・争議権）の保障（28条）	
参政権	選挙権・被選挙権（15・44・93条） 公務員の選定・罷免権（15条） 最高裁判所裁判官の国民審査権（79条） 地方特別法の住民投票権（95条） 憲法改正の国民投票権（96条）	
受益権 （国務請求権）	請願権（16条） 国および地方公共団体に対する賠償請求権（17条） 裁判を受ける権利（32条） 刑事補償請求権（40条）	

値をもつ人権が保障されなければ個人の尊厳を実現することはできません。こ
こから，すべての人権の前提として，同じ立場にある人の間では不平等な扱い
をしないことを保障する平等権が登場します。憲法では，法の下の平等（憲法
14条）として規定されています。この他に，私たちが社会の一員として政治に
参加し，自己実現を図る手段を保障するための参政権や私たちの人権が侵害さ
れたときに人権を回復する手段として受益権（国務請求権）という人権があり

図表2 新しい人権一覧

新しい人権	内容の解説	判例の採用
プライバシー権	私生活をみだりに公開されない権利。憲法13条の「幸福追求権」を根拠とする。	○
自己決定権	個人が私的事項について公権力に干渉されることなく自ら決定する自由。憲法13条の「幸福追求権」から導き出される。通説では，プライバシー権の一種であると理解されている。	○
肖像権	写真・絵画・彫刻などによって，人が自己の肖像をみだりに撮られたり利用されたりしない権利。憲法13条の「幸福追求権」を根拠としている。	○
知る権利	国民が国政に関する情報の提供を求める権利。表現の自由（21条）を情報の受け手である国民の側から構成した人権である。	○
人格権	生命・身体・健康・名誉・肖像・氏名など，個人の人格に関わる利益について保護を求める権利の総称。名誉・氏名・肖像などを内容として含むが，これらは通常別個の人権として扱われている。	○
環境権	大気，水質，日照，静穏，景観などの環境を，人間の健康で快適な生活にとり良好な状態で享受する権利。良好な環境を邪魔されないという自由権的な側面は「幸福追求権」（13条）を根拠とするが，良好な環境の実現を国家に求める社会権的な側面は生存権（25条）を根拠とする。	×（環境権を正面から認めた判例はない。）
その他	日照権，眺望権，嫌煙権，喫煙権，入浜権などが主張されているが，判例でこれらの権利を正面から認めたものはない。	×

ます（**図表1**を参照）。

　これらの人権は，日本国憲法に規定されている人権ですが，社会の変化のなかで，新たに保障が必要になってきた人権があります。プライバシー権，肖像権，環境権，日照権などです。これらを新しい人権といいます（**図表2**を参照）。新しい人権には法的な多くの論点がありますから第Ⅰ部3で詳しくお話します。

　福祉の現場で人権問題が発生したときは，どの人権が侵害されているのかを確認し，人権の性質と内容を理解したうえで回復を図るとともに，その人らしい生活が実現できているかを確認することが大切です。

図表3　個人の尊厳を中核とする人権体系

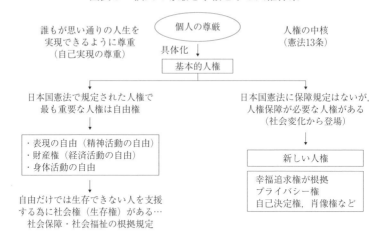

▶**ポイント整理　人権の内容**◀

❶　自由権：国家権力の介入・干渉を排除して個人の自由を確保する権利
❷　平等権（法の下の平等）：年齢・性別・能力など，人と人との間の違いを前提としつつ，法律上の権利・義務の面では，条件が同じである限り，等しい取扱いを受けるとする権利
❸　社会権：個人の生存，生活の維持・発展に必要なさまざまな要素の確保を，国家に要求する権利
❹　参政権：国民が政治に参加する権利
❺　受益権：国民が国家に対して，行為を要求し，その設備を利用し，何らかの人権を守ったり強化したりするための給付を受ける権利
❻　新しい人権：日本国憲法には明文の人権規定はないが，時代の変化のなかで人権保障が必要となってきた人権。自由権的な性質をもつ新しい権利

知識チェックポイント1

正しい選択肢には○，誤りには×をつけなさい。

1 □ 私たちの人権は，人間である以上当然に有する権利であるという性質をもっているので，人権は国家政策の都合で否定されることはない。

2 □ 現代社会において，人間はより自由であることが求められ，国家による干渉は完全に排除すべきである。

3 □ 自由権のなかでも，資本主義が高度に発達した現代においては経済的自由の保障が，精神的自由よりも強く求められる。

4 □ 利用者が他人の人権を侵害しない程度において，社会福祉専門職は，利用者の自己決定権を最大限尊重することが，利用者の個人の尊厳に適う。

5 □ 社会福祉士は，援助活動において，社会福祉士自身の価値観や倫理観をもって利用者を支援することが求められる。

6 □ 権利を主張できない利用者の声を支援者が代弁（アドボカシー）することは，利用者の個人の尊厳保障に適う活動である。

7 □ 社会福祉専門職のあり方として，利用者の無意識の領域に入り，葛藤を分析し，治療することは，利用者の個人の尊厳保障をより強化するので好ましい。

8 □ 社会福祉専門職が，利用者自身で問題解決する力を支援することは，社会的に弱い立場の利用者が不測の損害を被る危険性があるので利用者の個人の尊厳を損なう活動である。

9 □ 社会福祉専門職は，利用者の自由権を尊重する観点から利用者の生活への介入は最小限とし，ADL（日常生活動作）の支援だけで十分であり，QOL（生活の質）までも支援するのは，利用者の個人の尊厳を損なう。

10 □ アグレッシブ・ケースワークは，利用者のプライバシー権や家庭の自治を侵害するので利用者の個人の尊厳を損ない，利用することは好ましくない。

＊アグレッシブ・ケースワークとは，利用者の来訪を待つだけでなく，社会福祉専門職が地域に出て行き，社会資源や利用者のニーズを積極的に発掘する支援方法である。

（解答と説明は139頁）

基本的人権の歴史

キーワード

近代市民革命	自由権	18世紀的基本権	社会権	生存権
ドイツ・ワイマール憲法		20世紀的基本権	プログラム規定説	
ポツダム宣言	GHQ	日本国憲法		

1 自由権の歴史

　人権という考え方は，古くは古代ギリシアやローマ帝国でも存在していました。しかし，この時代の人権には，侵すことのできない永久の権利という考え方はありませんでした。近代の人権の発端をイギリスのマグナ・カルタ（1215年）に求めることがよくあります。しかし，これは封建領主の権利を国王に認めさせたものであり，近代の人権とは内容が大きく異なります。

　近代の人権概念はイギリスのジョン・ロックの思想の影響を大きく受けています。すなわち，人間は自然状態では，生命・身体・財産に対する権利が侵害されるので，国家との契約によりこれらの権利を国家に信託して保障してもらうという考え方です（社会契約説）。後に，この考え方はフランスのルソーに支持され，欧米の近代市民革命を支える思想となりました。アメリカの独立宣言（1776年）やフランス人権宣言（1789年）はこの思想を具体化したものです。

　アメリカ独立宣言では，「すべての人は天賦の権利を賦与される」と規定され，フランス人権宣言では，「人は自由かつ権利において平等なものとして出生しかつ生存する」と規定されました。このようにして近代の人権は生まれてきたのです。日本国憲法97条には「この憲法が日本国民に保障する基本的人権

は，人類の多年にわたる自由獲得の努力の成果であって，これらの権利は，過去幾多の試練に堪へ，現在及び将来の国民に対し，侵すことのできない永久の権利として信託されたものである」と規定されています。これは，このような欧米の近代の歴史を受け継いでいることを表します。

　私たちを守っている近代的意味の人権は，最初に近代市民革命を契機として形成され，国家の介入から国民の自由を守る自由権（経済的自由・精神的自由・人身の自由）でした。このような歴史のなかで形成されたので自由権は，18世紀的基本権と呼ばれています。福祉の分野においても利用者の人権保障の基軸は自由権の保障と実現にあることを忘れてはなりません。

2　社会権の歴史

　18世紀以降，自由権は，資本主義の発展を導きました。しかし，国家の介入のない自由な経済活動は貧富の格差や失業を生み，結果として，社会的に弱い立場の労働者は生存の危機に直面することになりました。このような状況から，国家の介入により人間に値する生活を保障する社会権が20世紀に登場します。社会権の中心にあるのは，健康で文化的な最低限度の生活の保障を国家に求める生存権です。

　生存権は，世界で最初にドイツ・ワイマール憲法（1919年）において「経済生活の秩序は，すべての人に，人に値する生存を保障することをめざす，正義の諸原則に適合するものでなければならない」と規定されました。このような歴史から社会権は，20世紀的基本権と呼ばれています。

　社会権は，社会的弱者を視点に入れた人権として，大きな意義があります。しかし，みなさんもかつての世界史の教科書等でマルクの札束を荷車一杯に載せてパンを買いに行く人々の写真を見たことがあるかも知れませんが，当時のドイツ政府には生存権を実現できる財政的裏づけはありませんでした。そこで，生存権の理想と国家財政の現状との調和を考慮する理論として，生存権は，具体的な権利ではなく，国の努力目標・指針を示したにすぎないとする考

え方（プログラム規定説といいます）が登場してきました。

3 日本の人権の歴史——明治憲法——

　日本はよく，「人権意識が弱い社会である」といわれています。これには歴史的な理由があります。日本は，アジア・モンスーン地帯に位置し，米作を中心とした社会を形成してきました。米作には，水の管理・田植え・稲刈り・脱穀などの作業があり，それはすべて村の共同体で行いました。このような社会では，集団行動が優先され，個人の行動は集団のなかで大きく制約されます。

　日本には，「村八分（むらはちぶ）」という言葉がありますが，これは，火事と葬式以外は，村人全員から無視されることをいいます。近代資本主義が発達する以前のいわゆる「ムラ社会」では，村八分にされると生活の糧である農業を営むことができず，生活できなくなりました。そのような生活環境では，個人の尊厳に対する人権意識は形成されるはずもありません。

　人権が日本に登場するのは，明治維新以降です。明治政府の目標は，欧米型の近代国家の建設でした。しかし，欧米諸国は，日本には人権を保障する憲法がないこと等を理由として日本を対等な国家とはみなしませんでした。その結果が，不平等条約の締結です。不平等条約とは，治外法権と関税自主権のない条約をいいます。このような条約のもとでは，外国人が日本で犯罪行為をしても日本の法律で裁くことができません。近代国家としては，屈辱です。そこで，不平等条約を改正するためにも日本は人権保障を規定した憲法を制定することが急務となったのです。

　大日本帝国憲法，別名明治憲法は，このような歴史の要請に基づきドイツのプロイセン憲法を参考にして制定されました。当時のドイツは，日本と同じように後発資本主義国で上からの近代化をめざしていました。そのためにプロイセン憲法においては皇帝（カイザー）の権力が強大で，臣民（国民）の人権が弱いところに特色がありました。明治憲法は，この影響を強く受けていたため，天皇の権力が強大で，臣民の人権は，天皇の恩恵の範囲で保障されたにすぎま

せんでした。加えて，法律によりさまざまな人権制限が行われました。その結果，ひとたび戦争が起これば，思想統制など数多の人権侵害行為を生ずることになりました。また，明治憲法のもとでは法律による制限付きの自由権の保障はありましたが，生存権の保障はありませんでした。戦後日本国憲法に生存権（憲法25条）が規定され1950年に現在の社会保障制度の基盤が創設されました。しかし，社会福祉は1990年代後半に社会福祉の基礎構造改革が，開始するまで措置制度に基づいていました。措置制度とは行政が職権で福祉サービスを利用できる条件を審査しサービスの種類や施設等を決定する制度です。

　現在，高齢者の方々の人権や権利意識が弱いのは，措置制度のもとで現役時代を過ごしたことが大きく影響しています。それだけに，福祉に携わるみなさんは，高齢者が人権や権利に対する意見を表明しなくても高齢者の自己実現に十分配慮することが必要です。ときに，「ご自分の思いを大切にしてくださいね」とか，「ご意見があれば遠慮なくおっしゃってくださいね」などと支援者の側からさりげなく声かけをすることは支援者と高齢者の間でラポール（信頼関係）を構築できるばかりでなく，高齢者の人権尊重や権利の保障に役立ちます。

4　日本の人権の歴史——日本国憲法——

　日本における基本的人権の出発点は，ポツダム宣言（1945年 7 月26日ポツダムで署名）です。ポツダム宣言10項では，「日本政府ハ，日本国民ノ間ニ於ケル民主主義的傾向ノ復活強化ニ対スル一切ノ障碍ヲ除去スベシ。言論，宗教及思想ノ自由並ニ基本的人権ノ尊重ハ確立セラルベシ」としています。この基本的人権の尊重が後に，GHQ が起草する日本国憲法草案に受け継がれ，現在の人権保障につながっています。私たちが現在使っている「基本的人権」という言葉は，ポツダム宣言10項に由来するものです。

　このように日本国憲法は，欧米の人権思想を取り入れ，「個人の尊重」（個人の尊厳）を人権の中核として規定しています（13条）。ただ，日本国憲法は最初

から日本人の手により起草されたのではありません。戦後すぐ，幣原喜重郎内閣は松本烝治国務大臣を中心に憲法問題調査委員会を発足させ，新憲法制定の調査・研究にあたらせました。しかし，この委員会が作成した憲法草案の内容は明治憲法と同じ思想を拠り所とし，GHQを納得させるものではありませんでした。その結果，GHQは，自らホイットニー准将を中心とする民政局のスタッフに現在の日本国憲法の草案を起草させ，1946年2月13日に日本側に提示しました。この後，帝国議会の審議を経て11月3日に日本国憲法として公布されました。

　私たちの日本国憲法は，このような歴史を経ているので，手厚い人権保障を行っているのです。ところで，生存権はGHQ草案のなかにはありませんでした。この規定は，帝国議会の審議の過程で日本人の手により加えられたのです。これを主張したのは，当時の社会党の代議士であった森戸辰男と鈴木義男です。森戸は，戦前，自らの書いた論文が当時の軍国主義思想と相容れないことを理由に東大を辞職させられ，ドイツに留学しました。そこで，ワイマール憲法の生存権にふれ，生存権規定を日本国憲法に導入することを主張しました。こうして，私たちの社会保障の根拠となる生存権が日本国憲法に規定されたのです。

　ところで，戦前は冷夏などで凶作となると農村では，娘の身売りなど悲惨な救貧手段が行われました。それは人間に値する生活を保障する生存権の保障規定がなかったため，一家の生存を維持するためには，やむをえず行われたものでした。また，生活困窮者を救済するために行われた恤救規則（1874年）や救貧法（1929年）は，いわゆる「経済的に落ちこぼれた人を救う」という選別主義的な色彩が強く，支援を受ける人々にはスティグマ（屈辱感）を発生させました。このスティグマは世代を超えて継承され続け，今でも生活保護を受給することに抵抗感をもつ人々が少なくありません。

　このような場合，支援者は利用者に対して，生存権は私たちの当然の権利であり，自分の生存を守るために法律上の生活保護を求めることは決して恥ずかしいことではないことを共感的な態度で話し，スティグマを除去する必要があ

ります。

知識チェックポイント2

正しい選択肢には○，誤りには×をつけなさい。

1 ☐ 自由権は，国家からの自由を本質にもち，18世紀の近代市民革命を契機に形成された。

2 ☐ 固有性，不可侵性，普遍性という人権の性質は，近代以降の人権の特色である。

3 ☐ 社会福祉専門職は利用者の生存権を最も重視すべきであり，自由権の尊重に基軸を置くべきではない。

4 ☐ 社会権，とくに生存権は，近代市民革命を契機に自由・平等を実質的に実現するために誕生した。

5 ☐ 生存権は，第一次世界大戦後のドイツ・ワイマール憲法で具体的に国民の人間に値する生活を国家が保障する人権として規定された。

6 ☐ 日本における「基本的人権」という人権用語は，ポツダム宣言に由来する。

7 ☐ 明治憲法の基本的人権は，いわゆる上からの人権保障といわれ，天皇の恩恵としての範囲で人権が保障されていたにすぎない。

8 ☐ 財産権の保障は，明治憲法下では保障されず，日本国憲法ではじめて保障された。

9 ☐ 日本の歴史性，地域性から地方住民よりは都市住民，高齢者層よりは若年者層の方が人権意識が強いと考えられる。

10 ☐ 人権という用語を使うことに抵抗を感じる人やこの用語を理解できない人に，「私たちらしさを実現する社会のために先輩が与えてくれた道具」と説明するのは正しい。

（解答と説明は140頁）

③ 新しい人権

キーワード

新しい人権　幸福追求権　包括的基本権　プライバシー権　肖像権
自己決定権　環境権　受忍限度

1 新しい人権の意味

　私たちの人権は，日本国憲法により守られています。日本国憲法は，1946年
11月3日に公布され，1947年5月3日に施行されました。日本国憲法は，人権
保障を手厚く保障しているといわれていますが，新たな人権規定の必要があっ
ても施行以来，一字一句変更されることはありませんでした。なぜなら，憲法
の字句を改正するには，国会議員の総議員の3分の2以上の賛成で国会が発議
し，国民投票で過半数の賛成を得るという厳格な改正手続が必要だからです。
　しかし，社会は変化し，憲法制定当時には，予想もしなかった社会現象が発
生しています。身近なところでは，情報化・メディア社会の到来によるプライ
バシーの侵害や肖像権の侵害，急速な工業化による公害問題，都市化に伴う住
宅の高層化と日照権の問題などです。ここでは，プライバシー権，肖像権，環
境権，日照権などが問題となりますが，日本国憲法にはこのような人権の規定
がありません。日本国憲法にはない人権ですが，時代の変化とともに新しく人
権保障が必要となってきた人権を「新しい人権」といいます。新しい人権とし
ては，現在，さまざまなものが主張されています。しかし，安易に新しい人権
を認めると，誰もが自分の勝手気ままに人権をつくりだし人権が雨後の筍のよ
うに乱立するいわゆる「人権のインフレ現象」が発生します。また，国民の人

権を遵守する感情が希薄化し，私たちの個人の尊厳や自らの力で生きていくうえで必要な人権の保障を弱くする危険性があります。たとえていえば，モーゼの十戒を思い出してください。モーゼの十戒（出エジプト記20章7節）では「あなたは，あなたの神，主の御名を，みだりに唱えてはならない」とあります。これは神を敬い，真摯な対応をしなければならないことを教えています。その背景には神を濫用すると神の名で勝手な行為が横行し，社会が混乱した暗黒の歴史があります。この例が示すように，人権はやたらと数が多ければ個人の尊厳につながるというのではないのです。

　そこで，新しい人権は裁判で，きわめて限定された範囲でしか認められていません。具体的に認められているものは，プライバシー権やプライバシー権の一種である肖像権など僅かです。また，新しい人権を認めるには，憲法上の根拠が必要です。プライバシー権や肖像権は，憲法13条の幸福追求権を根拠としています。この幸福追求権は，人権の体系上「包括的基本権」と呼ばれ，日本国憲法が保障する自由権規定で人権保障が不十分な場合，新しい人権をつくり出す役割をもっています。

　福祉現場で，利用者が喫煙権を主張することがあります。この場合，どのような対応が必要でしょうか。まず，新しい人権を考えるには，自分が自分の力で生きていくうえで不可欠の人権であるか否かを基準として考えます。タバコは嗜好品であり，生きていくうえで不可欠の権利ではありません。したがって，一時的に精神状態が不安定になるとしても新しい人権として認めることはできません。裁判例では，喫煙権を正面から認めたものはありません。しかし，喫煙が自己の精神的安定に不可欠な人もいます。そこで，一律に禁煙を実施することは喫煙者の楽しみを奪うことになり妥当ではありません。他の利用者の健康や良好な環境を侵害しない配慮のもとで喫煙を許可するなど，人権の調整により許容することは可能です。

　では，嫌煙権はどうでしょうか。嫌煙権も新しい人権とは認められていません。しかし，タバコから発生する副流煙は，受動喫煙として，他人の健康を損ないます。そこで，体力が弱った高齢者が利用する福祉施設においては，新し

い人権と同様の保障が必要となります。したがって施設内では，全面禁煙を原則とすることが妥当です。他方，上記の喫煙権と同様，喫煙をする利用者の価値観の多様性を配慮し，嫌煙権と同様の気配りも必要です。ところで，嫌煙権と喫煙権は表裏の関係にありますが，喫煙は人格の維持に不可欠とまではいえないので私は，嫌煙権は喫煙権に優越する新しい人権に準じた扱いをすることが妥当だと考えます。このように，表裏の関係にある人権でも，福祉施設においては施設の設置目的や実情において優劣の関係を考えることが必要です。

2　プライバシー権と肖像権

⑴　**プライバシー権**　　プライバシー権とは，「私生活をみだりに公開されない法的保障ないし権利」をいいます。この人権は，アメリカで19世紀以来，裁判例を通して「1人で放っておいてもらう権利」として形成され，日本では「宴のあと」事件判決を通して認められました。「宴のあと」事件判決とは，三島由紀夫の小説『宴のあと』において外務大臣を経験した政治家の私生活の公開に関する記述が問題となった事件です。

　福祉施設内では，利用者の私生活がみだりに公開される危険性があります。病歴，家族の問題，財産の有無・多寡，犯罪歴，身体の露出など枚挙に暇がありません。そのようなとき，私生活がみだりに公開された利用者の心の傷は大きく，個人の尊厳を損ないかねません。そこで，プライバシー権については，正確な理解が必要となります。裁判例によるとプライバシー権の侵害となるのは以下の要件をすべて満たした場合です。プライバシーに関する具体的な情報としては結婚や離婚，持病，前科，身体的特徴，指紋，住所などがあります。

　第1の要件は，私生活上の事実，または事実らしく受け取られるおそれがあることです（私事性の要件）。冗談で「○○さんは，実はウルトラマンだって」とか，「○○さんは，実はかぐや姫なのです」と利用者の情報を他人に告げても事実と受け取られる可能性はありませんから私事性の要件に該当しません。しかし，「○○さんは，ヤクザです」とか，「○○さんの家庭は夫婦関係が悪

い」などということは，冗談であっても事実らしく受け取られる恐れがありますからこの要件に該当します。

　第2の要件は，一般人の感受性を基準としてその人の立場にたった場合，公開されたくない事柄であることです（秘匿性の要件）。具体的に，「○○さんのお孫さんは小学校で優等生です」と施設内でいう場合，一般人は嬉しい感情をもちます。しかし，「○○さんのお孫さんは校内暴力で停学になった」ということは，一般人の感情として隠したいと思います。それゆえ，前者の場合には，プライバシー権の侵害になりません。

　第3の要件は，いまだ世間に知られていない事柄であるということです（非公知性の要件）。たとえば，利用者の家族の犯罪行為がいまだ世間に知られていない場合は，その事実を施設内で公開するとプライバシー権の侵害になりますが，マスコミ等で広く知らされている場合にはプライバシー権の侵害になりません。

　しかし，厳密な意味でのプライバシー権侵害にならなくても個人情報の漏洩は利用者の個人の尊厳を傷つける危険性があります。利用者の個人情報を支援者の職務の目的を超える範囲で収集するとか，興味本位での情報の収集や不用意な発言による情報の遺漏には十分気をつけるとともに職務の守秘義務遵守（仕事で知りえた情報を公にしないこと）について職場で徹底する必要があります。とくに，資産関係，犯罪歴，宗教，政治信条，病歴，門地などには十分な配慮が求められます。そこで，福祉施設におけるプライバシー権は，利用者の心情や身上を考えれば裁判例よりも広く解釈し，利用者の心を傷つけるような情報公開は公知の事実であってもプライバシー権の侵害になると考えるべきです。

　また，プライバシー権のなかには，「自分に関する情報は自分で管理する」という権利が含まれています。とくに，現代では福祉の分野にも国や地方自治体がさまざまな形で関与しています。それにともない，個人情報の多くが国や自治体に集まってきています。そのようななか，誤った情報がコンピューターに登録されると利用者が福祉サービスを受けることができなくなるなど不利益を被ることにもなりかねません。ここから，自己の情報に関する閲覧・訂正な

いし抹消を求める権利（自己情報開示請求権）も認められています。

　なお，福祉施設において，ソーシャルワーカーが利用者から記録の開示を求められたときは，原則として開示が必要です。しかし，開示により本人または，第三者の生命，身体，財産その他の権利を害するおそれのある場合，専門職の業務の適正な実施に著しい支障を及ぼすおそれがある場合などは，例外的に開示できません。この場合，利用者のプライバシー権の重要性を考えると，単に「専門的」という抽象的な理由だけでは開示を拒むことはできません。情報の公開が本人または第三者の生命，身体，財産その他の権利を侵害することが明白であり，それを防ぐ手段を講じることが不可能なくらい時間的に差し迫っているという「明白かつ現在の危険」の基準を使うことにより，より精緻な人権調整を実施する必要があります。

　(2)　**肖像権**　　裁判例で認められたプライバシー権の1つのものに肖像権があります。肖像権とは，写真などにより，人が自己の肖像をみだりに撮られたり利用されたりしない権利をいいます。身近な例として，週刊誌等での芸能人の写真の無断使用や野球ゲームでの野球選手の姿態などがあります。福祉施設では，「○○施設便り」などで利用者の顔や姿をアップで掲載していることがよくあります。この場合，承諾を得ていなければ肖像権の侵害になることもありえます。写真の掲載の際には，後ろから撮影するとか，目線を入れるとかの配慮が必要です。

▶福祉的視点による利用者プライバシー権の保護◀

❶　福祉施設で個人情報の保護についてのマニュアルを作成し，個人情報の保護につき職員全体で利用者のプライバシー権尊重についての意識を共有します。

❷　個人情報保護・プライバシー保護のスーパーバイザー（指導・監督の役割を担う人）を置き，日常の業務のなかでの利用者のプライバシー保護を検討します。具体的には，着脱・入浴・排泄・金銭管理・病歴管理・日常生活の公開などプライバシー権がどのように問題となるかを検討します。

❸　利用者の個人情報について，自身で管理できない利用者に対しては，支援者は，権利擁護の代弁者として関わる姿勢をもち，日常業務のなかで福祉サービスや税金の賦課などの問題が発生した場合には迅速に行政に対して問い合わせます（情報プライバシー権の擁護）。写真撮影やホームページでの紹介など利用者の姿

態が公開される場合には，利用者の承諾を得ます。承諾が得られない場合や意思
表示が十分できない場合には，個人が特定できないような配慮をします。施設利
用契約時に「施設の紹介の場合には，利用者の生活の様子を公開することがあり
ますのでご承諾を願います」などの包括的な承諾を取ることは，施設利用につき
実質的に弱い立場にいる利用者の自由な意思表明（表現の自由）を侵害すること
になるので避けるべきです。

3 自己決定権

　自己決定権とは，個人が自己に関する事柄について，誰にも干渉・介入され
ることなく自らの判断で決定することができる権利をいいます。この権利は，
幸福追求権（憲法13条）を根拠として広い意味のプライバシー権の一種と考え
られています。しかし，内容は曖昧で，裁判例で正面からこの権利を認めたも
のはありません。

　福祉・医療の現場では，利用者・患者の治療拒否や安楽死・尊厳死，あるい
は妊娠中絶の自己判断の場合に問題となります。また，入所者のライフスタイ
ルとしての髪型や服装の判断でも問題となります。福祉施設の入所者で，特定
の宗教を信じることにより治療行為として輸血を拒否する場合があります。こ
のような場合にはどうすればよいのでしょうか。

　これについては，「エホバの証人」輸血拒否事件が参考になります。この事
件は，「エホバの証人」の信者が自分の信じる宗教により輸血を拒否したにも
かかわらず，輸血という医療行為を受けたため自己決定権の侵害として損害賠
償を求めたものです。最高裁判所は「自己決定権」を正面から認めることはし
ませんでしたが，「人格権の一内容として尊重されなければならない」とし
て，医師に損害賠償責任を負わせました。必ずしも明確な基準があるわけでは
ありませんが，利用者の人権尊重と損害賠償等のリスクを回避するために，福
祉・医療現場では，①利用者の承諾の確認，②利用者の生命を保護する代替手
段の検討を行う必要があります。また，医療の決定は，施設全体の意思決定と
すべきであり，特定の職員の判断に委ねることは回避すべきです。ただ判断能

力が低下した人の自己決定権については，法的な課題があります。

　最近，福祉現場でも「自己決定権の尊重」が掲げられています。その際に，どの範囲まで自己決定権として尊重すべきかが問題となります。自己決定権を無制限に認めてしまうと，なんでも人権という風潮が蔓延し，社会秩序の混乱が起こり，逆に利用者に必要だと認められる個人の尊厳を実現する人権の保障機能を弱めることになります。そこで，通常，「人格的生存にとって必要な権利」という基準でふるいにかけます。その結果，利用者の髪型や服装までは，尊重に値するとしても法的な自己決定権の保障範囲に入らないと考えます。ただ，福祉の現場では，利用者の心豊かな生活の実現と QOL（生活の質）向上のために，裁判例よりは自己決定権を広く解釈し，「衣食住」については，社会的に必要だと認められる範囲（社会的相当性）で考えるのがよいと思います。

【 事例① 】

　特別養護老人ホームを利用している女性が宗教上の理由で特定の食材の摂取を拒否する場合

　イスラム教やユダヤ教は宗教上の理由から豚肉を食べることが禁止されています。これらの宗教を信じる人々の日常生活や人生は信仰心に支配されています。そこで，食材の決定は人生を支配するといっても過言ではありません。このような場合は，食材の決定は自己決定権の保障の範囲であると考えます。

【 事例② 】

　宗教上の理由で輸血拒否をしている場合

　輸血を宗教上の理由で明確に拒否している場合には，患者さんの意思決定を人格権の一内容として尊重しなければなりません。輸血が生命の維持のために不可欠である場合には，輸血の必要性を説明して手術の際に輸血を受けるか否かを患者さんの自己決定に委ねなくてはなりません。

【 事例③ 】

　認知症者が自動車運転免許の取得を求める場合

　現代社会において自動車は私たちの日常生活活動の範囲を広げ，自己実現に大きな影響をもっています。そこで，運転免許の取得は自己決定権として認められます。ただし，自動車は運転を誤れば一般人を巻き込む大きな事故を引き起こします。それゆえ，自己決定権を根拠にした無条件の運転免許の取得は問題です。認知症者が運転免許の取得を望む場合，認知症の程度，治癒の状況，主治医の判断等を総合して決定すべきです。認知症を理由として一律に免許取得を認めないのはノーマライゼーションの思想に反します。市民一般の生活の安全との調和を図る視点から判断することが必要です。実際にイギリスやニュージーランドでは実車を使う「再試験制度」が設けられ，要件をクリアした認知症者に運転免許が与えられています。

【 事例④ 】

　学校の校則による男子学生の丸刈りの強要，いわゆる茶髪禁止，バイク通学禁止について

　これらの事項は私たちの人生を決定するほどの内容を含んでいません。したがって，自己決定権の保障はないと考えます。ただ，丸刈りについては注意が必要です。戦前，戦後の昭和20年代から昭和40年代にかけて，丸刈りは社会的に認知され，小中学校では違和感なく受容されていました。そのため，丸刈りを強要しても，生徒は社会的に奇異の目で見られることもなく，人生に大きな影響はありませんでした。

　しかし，現在，丸刈りは一般的でなく，丸刈りの代名詞といわれた高校野球でも丸刈りをする児童・生徒が減少しています。社会においては，丸刈りの児童・生徒は一般人の目から特異な存在として映り，丸刈りを強要された児童・生徒は日常生活において重要な影響を受けることがあります。そこで，自己決

定権の保障の範囲でなくても，心理的な影響，地域性や時代的背景を考慮して決定することが必要です。

4　環　境　権

　環境権とは，私たちの健康を維持していくうえで不可欠な水質，空気，日光，静寂などの環境を良好な状態で享受できる権利をいいます。この権利は，公害が私たちの健康と平穏な生活環境を破壊しはじめたことを契機として，先進国で主張されるようになりました。日本では，とくに高度経済成長期（1965年から1973年）の間に著しく大気汚染や河川や海洋の汚濁が進みました。この過程で各地において公害裁判が争われ，環境権が新しい人権として主張されるようになったのです。

　環境権は，憲法に明文規定がない新しい人権ですから内容が明確ではありません。新しい人権を導くための憲法上の根拠については，次のように考えます。環境権の健康で快適な生活を誰にも邪魔されないという自由権としての側面については，憲法13条の幸福追求権から導きます。健康で文化的な最低限度の生活を快適に過ごすための施策を国に求める社会権的な側面は，憲法25条を根拠にしています。

　裁判例では，環境権を明確に定義したものはありません。しかし，環境権の自由権的な側面については，「個人の生命，身体，精神および生活に関する利益は，各人の人格に本質的なものであって，その総体を人格権ということができ，このような人格権に対しては侵害を排除する機能がみとめられなければならない」と大阪空港事件控訴審判決（大阪高判昭和50年11月27日）で判断しています。

　これを参考にして，福祉施設における利用者の環境権を考えると，換気（空調），衛生（水質），静寂性（防音対策）などは，利用者の健康で快適な生活を維持する上で必要不可欠なものです。それゆえ，これらの対策が不十分な場合には利用者の環境権侵害となるばかりか個人の尊厳保障に不可欠な人格権の侵害

となります。

【 事例① 】
福祉施設における複数人部屋と環境権の問題

　福祉施設において，良好な環境を維持するためには個室が理想です。しかし，施設の諸事情により個室化が遅れている場合には利用者の環境権についての配慮が必要です。他の利用者が感染症に罹患しているときには，感染を防ぐ処置が必要です。いびきや大声など他の利用者の静寂な環境を侵害する場合にも配慮が必要となります。ただ，このような場合にすべて環境権の侵害となるわけではありません。

　私たちは，社会の一員として生活しているのですから良好な環境を阻害している原因は常に身の回りに無数にあります。それらの1つひとつが人権侵害として問題が表面化すると，毎日トラブル処理に追われて他に何もできません。ですから，社会的に受忍できる範囲においては誰もが当然我慢すべきであり，人権侵害や権利侵害になることはありません。

　この基準で考えると通常のいびきは，社会的な受忍限度の範囲ですが，通常人の安眠を阻害するようないびきを放置することは受忍限度の範囲を超え，他の利用者の環境権を侵害する場合があります。また，新型コロナウィルスなどの感染症対応においては，体力が弱い高齢者を考慮して通常の一般人よりも受忍限度は弱くなると考えます。

【 事例② 】
高齢者福祉施設の前に葬儀場が建設される場合

　高齢者は日々死に対する恐怖と不安に直面しています。このような場合，高齢者が日常生活する範囲に葬儀場の景観が入ると彼らの平穏な生活を害することになります。それゆえ環境権の侵害となります。裁判例は，環境権を直接認

25

めてはいませんが，「良好な景観の恵沢を享受する利益は，法律上保護に値する」（最判平成18年3月30日）と判断しています。

　このような施設の建設の場合には，高齢者の視線に直接入らないように目隠しを設置するなどの配慮が必要です。また，施設から海が見えていたり，山が見えていたからその施設に入所したのに，その後の周辺開発でこれらが見えなくなった場合，利用者の景観利益を損なうことになります。福祉施設利用者や地域住民に親しまれていた銀杏並木や桜並木の景観が高層マンションの建設により景観悪化した場合には，施設経営者や支援者は，利用者の環境権や景観利益保護のために利用者の代弁者として，ソーシャルアクション（社会活動や地域世論を喚起するための社会福祉援助技術）を行うことが必要な場合があります。

知識チェックポイント3

正しい選択肢には○，誤りには×をつけなさい。

1　☐　新しい人権は，多ければ多いほど国民の人権保障につながる。

2　☐　プライバシー権とは，私生活に関して誰からも「みだりに干渉されない権利」や「自分についての情報を管理する権利」のことである。

3　☐　警察官が正当な理由もないのに，みだりに個人の容貌等を撮影することは，肖像権の侵害にあたる。

4　☐　在留外国人がみだりに指紋の押捺を強制されないことを主張するときは，プライバシー権を根拠にする。

5　☐　医療施設の利用者が宗教上の理由で，自身への輸血をともなう医療行為を拒否する意思表示をしたときは，医療優先の方針から利用者の自己決定は当然に制限される。

6　☐　居宅高齢者に重大な生命の危険がある身体的虐待に対応するため関係者の会議を開くとき，本人の同意を得ることが困難な場合には，個人情報取扱業者は，利用者の個人情報を第三者に提供できない。

7　☐　児童の健全な育成のために，とくに必要がある場合で，本人の同意を得ることが困難な場合には，個人情報取扱業者は，個人情報を第三者に提供してもよい。

8　☐　個人情報保護法は，死亡した人の個人情報も保護の対象としている。

9 ☐ 県営福祉施設の利用者は，生存権を根拠に快適な居住空間の実現を求めることができる。

10 ☐ 知る権利は，表現の自由を情報の受け手の地位にある国民の側から構成した新しい人権である。

11 ☐ ケアマネジメントの過程でアセスメントは，利用者のプライバシー権を守らないといけないので，ケアマネジャー1人で行うことが望ましい。

＊アセスメントとは，利用者や家族，地域社会における状況，ADLやQOLの状況などの情報を収集し，分析して解決へ向かう過程のこと。

12 ☐ ソーシャルワーカーは，利用者から記録の開示を求められても，「職務の専門性と公共の福祉により公開できません」といえる。

（解答と説明は140〜141頁）

II

福祉現場と人権問題のかかわり

4 利用者・職員の人権保障と人権調整

1 憲法が一般市民社会で果たす役割

憲法は，国の法体系のなかで最も高い地位が与えられています。これを憲法
の最高法規性といいます（憲法98条）。なぜならば，憲法は私たちの基本的人権
を守る役割をもっているからです。憲法は，歴史的に国家の専断的・恣意的な
行為（国家の都合で何の制約もなく国民の権利を奪う行為）から国民の人権，とく
に自由権を守る役割を担うものとしてつくられました。そのため，憲法の人権
保障は，原則として国家を相手として国民の人権を保障する働きをもっていま
す。

しかし，現代においては，人権侵害は，国家による場合だけではなく，市民
の間でも発生しています。ここから憲法を市民の間にも適用すべきかが問題と
なります。これを憲法の私人間適用の問題といいます。みなさんは，人権保障
のために憲法の私人間への適用を歓迎するかもしれませんが，憲法には非常に
強い効力があるため，安易な適用は弊害が多発する危険性があります。

難しい話なので，具体的な例を考えましょう。

【 事例① 】

　キリスト教関係のＳ特別養護老人ホームに入所したＡさんは，キリスト教に関心がありません。この施設では４月にはイースター（復活祭），12月にはクリスマスを行事として行っています。Ａさんは，キリスト教に関心がないので行事を不愉快に思い，信教の自由が侵害されていると苦情を申し出ています。

【 事例② 】

　Ｂ社会福祉施設の就業規定では，男性の定年は60歳，女性は55歳となっています。この施設の介護職員Ｃさんは，定年を前にこの規則は法の下の平等（憲法14条）に違反していると苦情を申し出ています。

　事例①の場合，憲法の信教の自由（憲法20条）をＳ老人ホームとＡさんの間に適用する（私人間適用）と，憲法は国家の行為を規制する非常に強い効力をもった法ですから，Ｓ老人ホームのキリスト教に基づいた特色ある施設運営を抑制することになります。事例②の場合も同様に憲法を直接適用すると施設の独自性や活動の多様性を害します。このように一般市民社会の独自性・多様性を害することを私的自治（個人と個人の間の契約などの約束ごとは国家が介入・干渉しないでそれぞれの個人の意思を尊重するという考え方）の侵害といいます。

　そこで，もっと副作用が少ない法理論を考える必要があります。私たちの日常生活でも，抗生物質など効果の大きな薬は副作用をともなうことを想起してください。このようなとき，私たちは副作用が小さい漢方薬を使用することがあります。この発想を法理論にあてはめていえば，副作用が小さい「間接適用説」という考え方があり，裁判例において採用されています。

　これは，憲法を市民間（私人間）すなわち上記の事例①では，Ｓ老人ホームとＡさんの間，事例②では，Ｂ施設とＣさんの間に直接適用するのではなく，憲法の規定を私法（とくに民法）の一般原理（公序良俗違反，信義誠実の原則，権利の濫用など）に置き換えて適用するという考え方です。民法は，私たち一般市民の間に適用することを目的に制定された法律であり，一般市民社会の私的自治を尊重しています。

　事例①では，信教の自由（憲法20条）を民法90条の公序良俗（公の秩序，善良な風俗の略）に置き換え，イースターやクリスマスが社会的な秩序を乱すか否かを検討します。これらの行事は，一般市民社会に受容され，キリスト教徒でない一般市民でさえ別段の違和感なく行事に参加しています。したがって，S老人ホームの行為は，公序良俗に反することはなく，Aさんの人権・権利利益は侵害されてはいないことになります。

　事例②も民法の公序良俗をB施設とCさんの間に適用して考えます。男女の年齢による差別的な定年制度は合理性がなく公序良俗に違反することになり，Cさんの人権・権利利益を侵害することになります。

　裁判例によれば，日産自動車事件で「男性の定年年齢を60歳，女性の定年年齢を55歳と定める就業規則は，女性であることのみを理由として差別するものであり，性別による不合理な差別である」（最判昭和58年3月24日）としています。間接適用説の考え方は一般市民それぞれの立場を尊重し，社会・経済的活動の独自性を認めたうえで活動制約の弊害を最小限に食い止めるバランスのいい考え方といえるでしょう。

2　人権の調整

　私たちは，社会のなかで生活しています。そこで，個人が無制約に人権をお互いに主張すれば，対立と混乱が生じるおそれがあります。日本国憲法は，人権を調整する基準として，「公共の福祉」を唯一規定しています（憲法12条，13条，22条，29条）。しかし，公共の福祉は，抽象的かつ曖昧な概念です。かりに，内容が不明瞭なまま人権調整基準として用いられれば，私たちの人権を過度に制約する危険性をもっています。ここから，人権の対立が問題となった多くの裁判例を通して公共の福祉をより明確化する基準が出されています。

　(1)　**内心の自由の制限について**　　私たちの心のなかだけで自由に思い描く自由を内心の自由といいます。内心の自由は，個人の頭のなかだけにとどまり，他人の人権と抵触することはありません。ですから，たとえ国家にとって

危険な思想であっても制約することはできません。これを絶対保障といいます。具体的には，江戸時代に行われたキリシタンの踏絵は，自分の内心に思っていること（キリスト教の信仰）を表に出させて処罰を加える行為ですが，日本国憲法のもとでは絶対に許されません。

　近年，いわゆるカルト宗教が社会を震撼させ問題となりました。福祉施設においても利用者の日常生活の把握のために内心に関する情報が必要となることがあります。しかし，思想・信条が表現行為となって施設のほかの利用者や職員との間で人権の対立が発生するまでは人権の調整を行うことは認められません。具体的には，身上調書に宗教名，支持政党を書かせるなど内心の活動に関する情報を取得するような行為は，人権保障の観点から認められません。

　(2) **比較衡量論による人権相互の調整**　　公共の福祉による人権調整をより明確化・精緻化する理論として，「比較衡量論」が考えられました。この理論は，その人権を制約することによって得られる利益と失われる利益を比較して，得られる利益が失われる利益よりも大きい場合に，人権制約を合憲とし，失われる利益が得られる利益よりも大きい場合には違憲とする考え方です。

　裁判例では，ストライキの事件で労働者の労働基本権の制限により失われる労働者の利益と労働基本権の制約により得られる国民生活の円滑な運営の利益を天秤にかけて判断する手段が採用されています。また，刑事裁判の事件で，事件に関する裁判所のテレビフィルムの提出の合憲性をめぐり，テレビ局の表現の自由と公正な裁判の実現を比較衡量する裁判例もあります。

　この考え方は，戦後の日本の判例の人権調整基準の主流となっていますが，社会や組織を優遇し，個人の人権を軽視する場合もあります。

【 事例 】
　　K 知的障害者施設では施設の規則として，午後 6 時以降男子利用者は，女子利用者施設への立入が禁止されている。

　本事例の場合，男子利用者の表現の自由と施設の平穏な環境の実現が利益衡

量されます。この場合，どうしても利用者個人の利益よりも団体・組織の利益が優先されます。これでは，「公共の福祉」を精緻化して国民の人権保障強化をめざす人権制約基準づくりの目的に反します。それゆえ，この理論を使って施設利用者の人権を制約する場合は，常に，「人権制約は必要最小限にする」という視点と個人の利益の最大限の保障の視点をあわせて考える必要があります。すなわち，入室許可時間帯，立入の態様，場所など平穏な施設環境との関係で上記の2つの視点から細かく検討する必要があります。

　民間の社会福祉法人が施設を運営する過程で利用者の人権制約が問題となる場合，裁判例が採用する間接適用説では利用者は憲法の人権保障を直接主張することはできません。しかし，福祉分野において比較衡量論の考え方を憲法の適用に準じた形で利用すれば，利用者の人権がより保障されるということはいうまでもありません。

(3)　二重の基準論（厳しい基準と緩やかな基準）による人権相互の調整

比較衡量論をより具体化する人権調整基準としてアメリカの裁判例を参考にして「二重の基準」が昭和40年代から裁判例や，学説上主張されています。私たちの人権はすでにお話ししたようにさまざまな種類があります。人権のなかには社会の重要なルールである民主主義に直結しているものがあり，この人権を傷つけると私たちは民主主義に則り，自由な意見をいえなくなる場合があります。一方，人権が傷つけられても自由に意見を述べて回復する手段をもっている人権もあります。このような人権のもつ特色をより細かく検討しながら人権制約に厳しい基準を適用したり，緩やかな基準を適用するなど，手段を使い分ける方法を二重の基準といいます。

　具体的にいえば，精神的自由（たとえば，表現の自由）は，私たちが政治に参加し，民主主義の基盤をつくり（自己統治）私たちの理想を実現する（自己実現）ために不可欠です。もし，これが簡単に制限されてしまえば，政治参加という民主制の過程（自己統治）が閉ざされてしまい，結果として，自己実現が不可能になってしまうからです。別の見方をすれば，精神的自由は，権力者の思い通りの政治を行ううえでときとして邪魔となり，規制の誘惑に駆られやす

い性質をもっています。みなさんが内閣総理大臣になったとして，自分のやりたいことに反対するマスコミや一般大衆をどう思いますか。邪魔だと思うかもしれません。そこで，自由に意見を表明したり，出版したり，反対集会を開くことを弾圧する気持ちが起こるかもしれません。でも，ここでこのような政府の行為を認めてしまったら，私たちは自分の思う政治を実現する手段がなくなり，一生不平・不満をもちながら生き続けないといけないのです。これは，私たちの自己実現にとってきわめて由々しき問題です。

　一方，消費税を思い浮かべてください。みなさんの多くはきっと増税に抵抗感があると思います。増税は私たちの財産権（憲法29条）を制約することになりますが，不満があれば精神的自由の表現の自由（憲法21条）を使って，言論・集会・出版などの手段に訴え増税を止めさせることができます。すなわち，民主主義の過程が確保されていれば，経済的自由が侵害されても人権を回復することができるのです。ここから，精神的自由の制限は経済的自由の制限に比べて制約基準を厳しくとる考え方が生まれてきたのです。

　福祉の分野でもこの趣旨から，利用者の精神的自由・表現の自由（意見表明）を軽視することがないように注意すべきです。自由に施設に対して意見が言えてこそ，利用者の自己実現（思い描く人生・生活の実現）が図られるのです。現在，介護保険による介護サービスに不満がある場合には，国民健康保険団体連合会への苦情申立てが，福祉サービスについては社会福祉法82条で苦情解決制度が導入されています。具体的には，福祉サービスの内容が事前の説明と違っていることへの苦情，ヘルパーの時間厳守要請，サービス内容の向上要請，子どもに優しい環境づくりの要請，バラエティーを考慮した食事内容の実現要請などです。福祉に携わる人たちは，苦情解決システムの存在意義を精神的自由の経済的自由への優越性をヒントに理解していただきたいと思います。

3　厳格な基準による人権調整

　経済的自由（財産権の保障，職業選択の自由）を制限するときには，法律をつ

くった国会の判断を尊重して，合理的な理由があれば経済的自由の制限をする法律は合憲であると考える「合理性の基準」が使われます。しかし，表現の自由などの精神的自由の制約の場合には，合理的な理由だけでは人権制限を認めず，以下のようなより「厳格な基準」を用います。

(1)　**LRA（Less Restrictive Alternative）の基準**　　この基準は，アメリカの裁判例で形成されてきたものです。表現の自由の制約の場合，当該規制手段よりも人権制約の程度が少ない規制手段が認められる場合には，当該規制は違憲とする考え方です。たとえば，デモ行進という表現行為を規制する場合を考えてみましょう。

　時間や場所あるいは方法においてデモによる交通の混乱や渋滞を防止するという目的を達成できるより自由の制限が少ない別の手段があれば，デモという行為を漠然と一律に禁止することは表現の自由に反すると考えるのです。

　私は，福祉の現場でこの基準を用いることは可能であると考えます。とくに，人権侵害が問題となる高齢者虐待の身体拘束については有効です。身体拘束は，高齢者虐待の一類型であり，原則禁止です。しかし，厚生労働省は，①緊急の場合である（切迫性），②代替する手段がない（非代替性），③一時的（一時性）である，を要件として例外的に身体拘束を認めています。福祉現場においては，この適用基準が曖昧で混乱しているのが現状です。この点，私は，この基準を身体拘束の原則禁止を解除する基準として実務のうえで使用すべきであると考えます。

　具体的には，LRAの基準を②代替性の判断基準として準用（本来の適用が予定されている場合と違う場面に用いるときは準用といいます）してみましょう。一般的専門職の立場を基準として判断し，身体拘束よりもより自由を制限しない介護技術の選択の余地があれば身体拘束という介護技術は人身の自由を侵害し，許されないと考えるのです。たとえば，オムツはずしをするとき，つなぎ服を着せるのではなく，興味を別に向けるような介護を試みることなどです。

　この考え方については，LRAの基準はアメリカの裁判例で，表現の自由の制約基準として形成されたものであり，人身の自由を制限する基準ではないと

の意見が憲法学者のなかからあがっています。しかし，表現の自由の保障目的
に自己実現があり，また人身の自由の保障目的も同様に自己実現です。そこ
で，福祉の現場で人権をめぐる対立が発生し，調整が必要となったときは，こ
の基準が活用できると考えます。

　具体的には，身体拘束を開始するにあたり，緊急のケアカンファレンス・
ケースカンファレンスを開きます。その場で，グループ単位で一般的専門職の
立場にたって，利用者が直面しているいわゆる「問題行動」を明確化し，「問
題行動」の解決にあたり自由度の制約が最も小さい介護技術・医療技術を検討
し，より自由度の高い介護技術・医療技術があるにもかかわらず身体拘束を
行った場合には，人身の自由・表現の自由の侵害，ひいては個人の尊厳の侵害
となるため，身体拘束は認められないと考えるのです。

　私は，経験則が支配し，いまだ明確な基準が活用されていない福祉の現場
で，利用者の人権保障のためにも積極的にこの基準を使うべきだと考えていま
す。また，人権制約基準を明確化することは，支援者の業務遂行における行為
の萎縮を防止し，支援者自身の人権保障にも役立ちます。

　(2)　**明白かつ現在の危険**（clear and present danger）　　この基準もアメリカ
の裁判例により形成されたものです。これは，以下の3つの要件を検討して当
該表現行為に制約を加える基準をいいます。①当該表現行為が近い将来，現実
的な害悪を引き起こす危険性が明白である，②その現実的な害悪が重大であ
る，③時間的な切迫性がきわめて高い，ことである。

　これを具体的に，福祉現場の身体拘束にあてはめてみましょう。利用者が自
己または他の利用者あるいは施設職員に対して，生命を脅かす法益侵害行為を
行うことが考えられます。そうした場合，かりにその行為が，一般的専門職の
判断によれば，明白であり，それを回避するには身体拘束以外には代替手段を
見つける時間的な余裕がない場合に身体拘束を認めることになります。

知識チェックポイント 4

正しい選択肢には○，誤りには×をつけなさい。

1 ☐ 人権は固有性があるので，利用者の支援においてはアドボカシーのみを主張し，制約を視野に入れた支援は利用者の個人の尊厳を損なうので，してはならない。

2 ☐ 頭のなかで，反社会的な思想をもっている利用者に対して，その思想をあからさまに批判することは，支援者の職務として大切である。

3 ☐ 憲法は，人権を守る法であり，国家の最高法規であるから，一般市民の間で人権の対立が起こった場合に，常に憲法を根拠に人権を主張することが好ましい。

4 ☐ 公共の利益と個人の人権が衝突する場合，比較衡量論で判断するとき，公共の利益を優先し，個人の人権を軽視する傾向が出る。それゆえ，社会は個人の集合体であるという意識を欠落すると，人権保障を弱めてしまう危険性がある。

5 ☐ 人権の価値はすべて同じであり，優劣関係はないので，人権体系を理解する必要はない。

6 ☐ 利用者の安全確保の目的で，福祉施設での利用者の外出を，時間帯や利用者の年齢，障害や病気の程度を考慮することなく一律に制約することは妥当である。

7 ☐ 徘徊を繰り返す認知症の高齢者に対して通常の日常生活に必要な空間を確保したうえで，外出できないように戸口を施錠するのは，身体の自由を侵害する虐待行為にあたらない。

8 ☐ 精神障がい者の行動が，支援者の経験に照らして漠然とした理由で危険だと思われたときは，支援者は公共の福祉のためできるだけ迅速に外出制限をすべきである。

9 ☐ 高齢者施設において，「身体拘束ゼロ」を掲げて，施設職員の犠牲のもとに目標を達成することは，社会福祉専門職として受忍限度の範囲である。

10 ☐ 人権の調整のため憲法に「公共の福祉」が規定されているが，内容が不明確なので，より人権を細かく検討し，制約が必要最小限となる基準の検討が求められる。

（解答と説明は141〜142頁）

5　平等権の保障

1　平等を考える視点

　平等権は，形成された歴史的背景から2つの内容を含んでいます。第1は，身分による差別の禁止です。ヨーロッパ中世社会では，生まれながら王，貴族，農民などに身分が固定され，社会のさまざまな領域で差別が行われました。日本においても，士農工商などの身分制が固定化され同様の差別が行われました。身分は，生まれてくる者にとって選択できないから，行動できる範囲は制限され，結果として個人の尊厳を損なうことになりました。ここから，誰もが身分によらず等しく公平に扱われる機会の平等（形式的平等）が近代市民革命を通して形成されました。

　しかし，私たちは形式的に平等に扱われると個人の尊厳が損なわれる場合があります。たとえば，「誰もがお正月を自由に楽しむように平等に休日を与えます」といわれても，いわゆる派遣切りに遭った人は，形式的な平等では住む所や食べる物を確保できず生存の危機に直面します。そこで，誰もが幸せになる権利が保障される現代国家（福祉国家）では，著しい不平等や格差を修正して，個人として尊重される社会づくりが求められるのです。この考え方から，第2に，現代社会においては，単なる「差別されない自由」だけではなく，社会的・経済的に弱い立場にある者が自分の幸せを実現するために自立に不足す

39

る分を配慮した公平な扱いである「実質的平等」が求められるのです。日本国憲法では，形式的平等を原則としつつも実質的平等の考え方もとり入れ，社会的に弱い人々の政治的・経済的・社会的活動への参加のために社会権（生存権・教育を受ける権利・勤労権・労働三権）が規定されています。

　これをふまえて福祉の現場において平等権を考えるうえでは，2つの視点が必要です。第1は，利用者誰もが参加できる機会均等を確保しているかの視点（形式的平等のチェック），第2は，機会均等では個別の利用者の自立した生活に何が不足しているかの視点（実質的平等のチェック）です。そして，個別の不足について検討し，支援を行うことが利用者の個人の尊厳保障につながります。

2　日本国憲法の法の下の平等

　私たちの平等権を理解するためには，憲法14条1項の「すべて国民は，法の下に平等であって，人種，信条，性別，社会的身分又は門地により，政治的，経済的又は社会的関係において，差別されない」（法の下の平等）の正確な理解が必要です。また，日本国憲法は，法の下の平等（憲法14条1項）を基本規定として，これを具体化し平等の強化を図るために①貴族制度の廃止（憲法14条2項），②栄典に伴う特権の禁止（憲法14条3項），③家族生活における両性の平等（憲法24条），④教育機会の平等，⑤選挙の平等（憲法15条3項，44条），が規定されています。

　このように，日本国憲法において平等権の一般的・総則的規定（憲法14条1項）と個別具体的な規定をおいているのは，日本国憲法の起草者が次のように考えたからです。すなわち，平等権は戦前の明治憲法時代において民主主義の発展を邪魔した制度を廃止し，戦後日本の民主主義を発展させるために不可欠な基本原理と考えたのです。

　この平等権が，福祉の分野で具体化された考え方がバリアフリー，ノーマライゼーション，インクルージョン，あるいはユニバーサルデザインです。

▶ポイント整理　福祉の分野での平等権◀

❶　バリアフリーとは，障がい者の日常行動を妨げる物理的，精神的，政治・経済・社会制度，あるいは社会資本などの障壁（バリア）を取り除いた状態をいいます。

❷　ノーマライゼーションとは，社会的に弱い立場にある人が，ごく普通のあたり前の生活ができるように実現したり，社会が受け入れることをいいます。

❸　インクルージョンとは，障害がない人とある人を分け隔てなく，できうる限り一緒に生活できる環境をつくることをいいます。

❹　ユニバーサルデザインとは，障害がある人や高齢者などを含めたすべての人が使いやすいように考慮し，つくられた製品，社会設備，工業・情報技術などをいいます。

(1)　**法の下の平等の意味**　　法の下の平等は，2つの意味を含みます。第1は，法律の適用にあたり国民を差別してはならないこと（法適用の平等といいます），第2は，法律の内容自体が差別的なものであってはならないこと（法内容の平等といいます）です。

第二次世界大戦前のドイツにおいては，法適用の平等のみが法の下の平等の内容と考えられていました。すなわち，法を適用する行政と裁判所のみが法の下の平等に拘束され，法をつくる立法（国会）は拘束されませんでした。その結果，ナチスによりユダヤ人などを差別する法律が制定されても憲法上の問題とはならず，ユダヤ人やロマニーあるいは障がい者などが差別を受け，数百万の人が命を失うことになったのです。

日本国憲法のもとでは，手厚い人権保障が規定され，憲法の人権規定に違反する法律に対しては，裁判所が違憲審査権（憲法81条）に基づいて憲法違反の判断を下す仕組みがとられているので「法の下の平等」には法律内容自体の平等も含むと考えています。ここから，社会福祉の対象となる人が差別を受ける内容を含む法律に対しては，「法の下の平等」を根拠に憲法に基づく人権救済を裁判所に求めることができます。具体的には，かりに児童扶養手当法に「性同一性障害の母親をもつ児童には児童扶養手当を支給しない」という規定があるとすれば，この法律の内容は，性別による差別で憲法14条1項に違反するので，憲法14条1項を根拠として，この法律の無効を主張できるということです。

(2)　差別的な取扱い禁止事項

(a)　人　種　　人種とは，皮膚の色，言語，風俗などにより分類される人類学的な区別をいいます。わが国においては，在日コリアンやアイヌ人，あるいは混血児への差別問題があります。とくに，アイヌ人に対してはアイヌ人の日本社会への同化を目的として1899年に北海道旧土人保護法が制定されました。この法律は，1997年に廃止され，アイヌ文化振興法を経て2019年5月からアイヌ施策推進法が施行されています。

　私たちは，何気なく「土人」という表現を用いることがあります。しかし，言葉のもつニュアンスを考えなければ，差別を助長する危険性があります。同じような例として「ニグロ」とか「ニガー」があります。この表現は黒人に対する差別感情を助長します。あるいは，「チョン」も同様です。「チョン」は戦前日本が朝鮮を支配していたときに差別的表現として使われていたものです。在日コリアンの人たちは，私たちと共生しているので配慮が必要です。

　ただ，あまり厳格に表現を気にすれば，言葉を使うときいわゆる「行為の萎縮効果」が起こり，表現する側の表現の自由を侵害します。やむを得ず使用するときは，注釈や説明を付け加えるなどをして対立する人権の調整をすることが大切です。

　日本国憲法の沿革において，この「人種」は，アメリカ社会の白人と黒人の人種対立を想定したものです。アメリカ社会においては，黒人差別が固定化され，多くの差別と偏見を生みました。そして，差別は黒人の経済基盤にも及び，多くの黒人は白人に比べて低い生活水準のままでした。これを解決するため，アメリカでは黒人やヒスパニックなど社会的マイノリティに対して就職や大学入学などで積極的な優遇策をとりました。この政策は，一面においてマイノリティの人権保障を強化します。しかし，この制度が過度に強化されると被差別民族以外の民族に対していわゆる「逆差別」が発生し，彼らの自己決定権や自由権を侵害する危険性があります。

　日本社会でも障がい者が公務員として雇用される場合に問題となります。現在，公務員や社会福祉協議会の職員の募集は狭き門となっています。一部の自

治体は，一定枠を障がい者に開放していますが，この制度が過度に障がい者以外の応募者の枠を圧迫するようなことがあれば，彼らへの「逆差別」が発生し，感情的な対立を生みます。人権を考える際には，誰もが納得できる範囲でバランスをとるという視点が大切です。

　(b)　信　条　　信条とは，宗教的な信仰のほか，広く思想・人生観や政治上のイデオロギーを意味します。私たちの社会では，企業に就職する場合に特定の信条を理由とする内定の取消がよく問題となったりします。これについては，以下のように考えます。①特定のイデオロギーを企業（傾向企業といいます）の存立とする場合（たとえば，赤旗とか聖教新聞あるいは，自民党の職員など）は，イデオロギーに同調しないことを理由とする解雇は有効です。②特定のイデオロギーを存立条件としていない場合は，イデオロギーを理由とする解雇は無効です。③公務員の採用にあたり募集条件として「日本国憲法又は政府を暴力で破壊することを主張する政党その他の団体を結成し，それに加入した者は公務員になることができない」とする規定については，公務員の職務の中立性と全体の奉仕者としての地位から認められる合理的な区別であると考えます。

　日中旅行社事件判決では，「特定のイデオロギー（政治的思想傾向）を存立の条件とし，事業が特定のイデオロギーと本質的に不可分であり，しかも労働者に対してそのイデオロギーの承認，支持を求めることが事業の本質からみて客観的に妥当である場合に限ってその存在が認められる」として，従業員の信条を制限しています。

　(c)　性　別　　日本では長年，男性に比べて女性は劣位に置かれていました。たとえば，戦前女性に対しては参政権が付与されていなかったり，男性には適用のない姦通罪の適用がなされたり，民法における行為能力の制限や大学入学資格の制限などがありました。このような歴史的背景から日本国憲法には性別の差別禁止規定が置かれました。

　現在は，女性差別撤廃条約（1985年）の批准を受け，男女雇用機会均等法（1985年）の成立，育児・介護休業法の制定（1995年）など個別の法律の制定により男女共同参画社会の実現が進行しています。

　しかし，現代においては，伝統的な女性の性による差別に加えて，性同一性障害（害悪ではないので『障がい』と表示することがあります）による差別も問題となっています。性同一性障害とは，心の性と体の性が一致しないことをいいます。これにより，社会生活や就職においてさまざまな差別がなされています。これに対応するために2003年7月2日に「性同一性障害者の性別の取扱いの特例に関する法律」が成立しました。しかし，子が18歳未満の場合には，戸籍上の性の変更を認めないなど問題もあります。

　この問題は，性同一性障がい者の自己決定権の問題とも関係します。性別の自己決定は，当該問題を抱える人にとって自己の生存にとって不可欠な問題ですから，自己決定権の保障の範囲に入ります。しかし，社会において自己の人権を全面的に主張すれば，第三者の人権と対立する場合がでてきます。たとえば，体は男性であるが心は女性である場合，女子用のトイレや更衣室を制限なく使えば，当該施設を使用する女性のプライバシー権の侵害が発生する場合があります。それゆえ，自己決定権の権利行使に際しては，必要最小限の厳格な審査基準による制約は必要となります。

　なお，同性間の結婚は，憲法24条で「婚姻は，両性の合意のみに基いて成立し」とあるので，法的には保護されないと解釈されてきました。しかし，自己決定権の尊重の観点や法の下の平等を根拠として現在，自治体のなかには婚姻に準じたいわゆる「パートナーシップ制度」を採用するところがでています。

　住友セメント事件において，裁判所は女性従業員にのみ，結婚を退職事由とすることは，性別を理由とする差別であると判断しています。同じく結婚について問題となる事柄として，氏（苗字）の変更があります。民法は750条で「夫婦は，婚姻の際に定めるところに従い，夫又は妻の氏を称する」と規定しています。一応，「夫又は妻の氏」となっており，形式的平等は保障されています。しかし，日本の農村地帯においてはほぼ100％に近い割合で女性が氏を変更しています。一部の研究者や市民団体は女性の人格権の侵害であると主張しています。ここから，女性の実質的平等を確保するために夫婦別姓を法的に規定すべきかが問題となります。

　家庭福祉の観点から夫婦同氏は家族の一体感をつくりだすうえで効果があるとか，児童福祉の観点から，親の所在と責任を明確化できるという効果があると主張されてきました。裁判例は氏名は憲法13条で保障する人格権の一内容と言っています（最判昭和63年2月16日）が，民法750条は夫婦同氏を規定しています。従来，女性が氏を変更することが当然のように考えられ，女性の人格権の侵害が問題となっています。最高裁は夫婦同氏を合憲と解釈していますが，世間では選択的夫婦別姓についての関心が高まっています。

　(d)　社会的身分・門地　　「社会的」身分とは，「人が社会において一定の期間継続して占めている地位」をいいます。学説のなかには，「出生と共に決定され，自己の意思ではどうすることもできない地位，すなわち嫡出子や非嫡出子，尊属や卑属を含む」と考えるものがありますが，裁判例ではここまで限定した考え方は採用していません。また，親子関係や高齢者であるということは，社会的身分にはなりません。

　「門地」とは，華族・士族・平民・新平民などのように出生により決定される家族的な身分をいいます。いわゆる「家系・家柄」です。私たちの社会で問題となる「同和問題」は，門地に関する差別です。

　非嫡出子相続分事件判決では，相続において非嫡出子は嫡出子の2分の1の財産しか取得できないとする民法900条4号が法の下の平等の社会的身分による差別であるとして争われた事件です。最高裁判所はこの規定を違憲であると判断しています（最大決平成25年9月4日）。

(3)　法の下の平等をめぐる法的問題点

　(a)　差別の例示列挙　　憲法14条1項に規定されている禁止事項は，歴史のなかでとくに，差別が著しかった事柄を例として挙げているにすぎません。これを例示列挙といいます。私たちの社会でよく問題となる事柄として「身体的特徴」や「学歴」があります。また，在日コリアンの差別問題では，「国籍」，同和問題では「出身地域」が問題となることがあります。これら憲法上に明記されていない差別であっても記載されている差別と同様あるいはそれ以上に被差別者の個人の尊厳を損なうことがあります。ですから，憲法14条に規定され

ていない差別であっても許されることはないのです。

　(b)　合理的な区分　　平等な取扱いによっては，いかなる差別も絶対に禁止されるわけではありません。いかなる理由であるかを問わず，絶対に禁止されることを形式的・絶対的平等といいます。しかし，機械的に一律に差別を禁止すると不都合な場合がでてきます。たとえば，労働基準法により女性が産前・産後に休養を与えられる場合や生活保護法により生活困窮者を救済する場合，あるいは意思能力が不十分な人の財産権を成年後見制度で救済する場合や未成年者の選挙権を制限する場合などです。こうした手厚い保護や平等の制限に合理的な理由がある場合には，平等を害したとしても法の下の平等に反することはありません。このように合理的な差別は認められるのですが，「差別」という表現は，人権保障の観点から好ましくないので，「合理的な区分」という表現が用いられています。

　わが国では，具体的な法律を制定することにより，合理的な区分を実施しています。たとえば，男女雇用機会均等法（1985年），育児・介護休業法（1995年）などにより，従来男性に比べて弱い地位にあった女性の地位の平等化を図ったことが挙げられます。

　(c)　平等違反を判断する基準　　平等権が問題となる場合を２つに分けて考えてみましょう。第１は，平等権が精神的自由と密接に関係している場合です。たとえば，宗教を理由として差別的な取扱いをされたとか，特定のイデオロギーを理由として差別的な取扱いをされたような場合です。あるいは，これと関係する選挙権の制限の場合です。このような場合は，①差別的な取扱いが法律の制定された目的を達成する手段として必要不可欠であるか，②差別の発生について最小限度に抑制しているか，を検討する必要があります。この基準を「厳格な基準」といいます。

　第２は，経済的自由と密接に関係している平等権の場合です。たとえば，現在の医療制度では75歳以上の一般の人の一部負担割合は１割ですが，一定以上の所得がある人は３割です。この場合，①高齢者医療の確保に関する法律の立法目的（法律を制定した趣旨）が，正当なものであること，②目的と一部負担３

図表4　平等侵害を審査する基準

	厳格な基準	厳格な合理性の基準	合理性の基準
適用場面	精神的自由またはそれと密接な関係をもつ平等	人の行為の弊害から社会を守るための経済的自由の制限と関係する平等	社会的・経済的に弱い立場の人を守るための経済的自由の制限と関係する平等
規制目的の判断	制限が不可欠	制限が重要	制限が正当
規制目的と平等を制限する手段の関係	・是非とも必要な規制手段であること ・規制手段が自由を制限する最小限度のものであること	・目的と手段の間が実質的な関連性をもつこと ・制限の手段が自由を制限する最小限度のものであること	・目的と手段の間に合理的な関連性をもつこと
平等が侵害される具体例	・イデオロギーによる制限 ・選挙権の制限	・市場での無害の確証のない食品の販売禁止	・独占禁止法による私的独占の禁止

割という手段の間に合理的な関連性があるかを検討します。これを「合理性の基準」といいます。

　一方，防火上危険性のある建物の使用禁止や建築制限，あるいは不衛生な食品販売の禁止など，法の目的が国民の生命など社会公共の安全に密接に関係する場合には，「厳格な合理性の基準」で判断します。具体的には，①法律の目的が重要（重要の位置づけ：目的の不可欠性＞重要性＞正当性）であり，②平等を制限する目的と制限手段との間に実質的な関連性があることが求められます（**図表4**を参照）。

　サラリーマン税金訴訟は，事業所得者に比べてサラリーマン（給与所得者）の税負担が重くなっていることが法の下の平等に反しているとして争われたものです。裁判所は，「合理性の基準」を用いて判断し，「立法目的は正当であり，両者の所得捕捉率の格差（手段）は，相当性があり，具体的に採用されている給与所得制度も合理性を有する」としています。

　(d)　**外国人の人権と平等**　　在留外国人の人権享有主体性は，原則として日本人と同様に認められています。しかし，人権の性質によっては，認められないものがあります（**図表5**を参照）。

図表5　外国人の人権

人権の種類	裁判例・通説	解　　　説
精神的自由	○	原則として日本人と同様の保障。とくに，内心の自由（頭のなかで考えていること）は日本人と全く同じで絶対保障。
経済的自由	○	原則として保障されるが，土地の取得など日本の国益と重要な関係がある事項については，制約がある。
人身の自由	○	原則として日本人と同様の保障。
プライバシー権	○	原則として，日本人と同様に認められている。指紋押捺制度は現在廃止されているが，法的には合理性が肯定されている。
肖像権	○	日本人と同様に保障。外国人登録法で写真の提出は合理的な区分として認められる。
自己決定権	○	原則として保障。しかし，社会保障は日本人対象なので制度の目的から制限される場合もある。
参政権	×	国民主権(国の政治の最終決定権は国民にある)から国政選挙権は，外国人には認められない。ただし，裁判例は地方自治体レベルの選挙権は，定住外国人に法律で選挙権を付与することができるとしている。
教育を受ける権利	×	教育の実施は国籍国の問題であり，原則として外国人には保障なし。ただし，定住外国人には，日本人同様の保障を考える余地がある。
生存権	×	生存の保障は国籍国の問題であるので，原則として外国人には保障なし。ただし，定住外国人には人道上の見地から生活保護が行われているが，権利としては認められていない。
勤労の権利	×	勤労については，国籍国の問題であり保障されない。
請願権	○	外国人の人権保障についても人権の救済が必要であるので保障される。
個人の尊厳	○	個人の尊厳は，人間であること自体を尊重する権利であるので，外国人にも保障される。
労働三権（団結権・団体交渉権・争議権）	○	社会権の一種であるが，生存権と違い，金銭的給付をともなうものではないことや，日本人労働者と同じ地位で働いていることから保障される。
入国の自由	×	入国は，治安目的などにより日本の裁量の問題であり，入国を拒否されても帰る国があるので個人の尊厳を傷つけない。
出国の自由	○	出国を拒否されると帰る国がなくなり，個人の尊厳を傷つける。
再入国の自由	×	日本に生活の本拠をもつ外国人の再入国は入国と同様に扱うが，再入国を否定すると日本での生活の基盤を失うことになり，人権侵害の危険性があることに注意すべきである。

知識チェックポイント5

正しい選択肢には○，誤りには×をつけなさい。

1 ☐ 平等とは，個人の事情を考慮することなく一律に形式的平等を実現することである。

2 ☐ 法の下の平等は，平等に法律を適用すればよいのであり，法律の内容は問題としない。

3 ☐ 法の下の平等は，憲法14条に規定されている人種，信条，性別など列挙されたものに限り，これ以外の差別は認められる。

4 ☐ 女性に産前・産後の特別休暇を与えることは合理的な区分として許される。

5 ☐ 職種，労働能力などの面から合理的な理由が認められないにもかかわらず，会社の就業規則で定年年齢を一律に男子60歳，女子55歳に定めることは性別による不合理な差別である。

6 ☐ いわゆる派遣切りに遭った労働者に優先的に県営住宅を提供することは合理的な区分にあたるが，過度に行うと一般市民の権利を侵害し，「逆差別」が発生する。

7 ☐ 基本的人権の保障について，在留外国人は日本人と同様に扱われる。

8 ☐ 生活保護において，生活扶助，住宅扶助，葬祭扶助において地域格差をつけるのは法の下の平等に反する。

9 ☐ 生活保護の被保護者にも保護金品を基準として税金を賦課するのが法の下の平等に適う。

10 ☐ 高齢者虐待防止法において，一般市民よりも介護従事者等のほうが虐待発見通報に重い責任を負わされているのは，福祉職の専門性が理由であり，法の下の平等に反しない。

（解答とは説明は142～143頁）

❻　財産権の保障

キーワード

財産権　成年後見制度　　後見　　保佐　　補助　　日常生活自立支援事業
高齢者虐待防止法　　経済的虐待

　衣食住という私たちの基本的な生活は，金銭，土地，建物などの財産により
賄われています。私たちは，財産がなければ人間に値する生活を維持すること
ができません。それゆえ，財産権は私たちの重要な人権であり，憲法29条で保
障されています。

　しかし，社会のなかには認知症高齢者や知的障がい者，精神障がい者など判
断能力が十分でない人は，日常生活に関する契約が締結できなかったり，財産
の管理ができなかったりする場合があります。そこで，これらの人たちが地域
で安心して暮らせるように，本来誰もが有する人権や権利を代弁し，日常生活
をサポートする制度として権利擁護事業が創設されました。成年後見制度，日
常生活自立支援事業などです。

　この章では，これらの制度を利用者の財産権の保障の視点からお話しします。

1　財産権の歴史

　私たちの財産権は，18世紀のフランス革命などの近代市民革命を契機に形成
されました。近代市民革命は，封建制度によって縛られていた土地の自由な活
用や国民の経済的自由を国王に認めさせることを目的としていたため，フラン
ス革命直後には，財産権は制約の許されない絶対的に保障される人権と考えら

れていました。このことは，フランス革命の人権宣言17条に「所有権は，神聖かつ不可欠の権利である」と規定されていることに端的に表れています。日本国憲法29条1項が「財産権は，これを侵してはならない」と規定しているのは，フランス革命で達成した財産権の絶対保障の表れです。

しかし，財産権を侵害することが許されず，いかなる経済活動も自由に認められた結果，財産をもつ者は限りなく豊かになり，財産をもつことができない者は限りなく貧しくなるという富の偏在（階級対立）が生まれました。また，無秩序な生産は恐慌を発生させました。この結果，社会的に弱い労働者など私有財産をもたない者は生存の危機に直面し，暴動の発生や資本主義体制の転覆などを試みたため社会秩序は乱れました。

ここから，資本主義を維持しながらも財産権を制約し，豊かな者と社会的・経済的に弱い者とがともに生きていける社会づくりが求められるようになったのです。これが財産権の公共の福祉による制約です。「所有権は義務をともなう。その行使は同時に公共の福祉に役立つものであるべきである」と，世界で最初に明文で規定したのが1919年のドイツ・ワイマール憲法です。日本国憲法29条2項が，「財産権の内容は，公共の福祉に適合するように，法律でこれを定める」としているのは，この思想を受け継いだものです。

2 成年後見制度

(1) **意思能力の重要性**　　私たちにとって一番幸せなことは，自由な意思判断に基づいて思い通りに人生を過ごすことです。これが，まさに「個人の尊厳」の中核です。そのためには，正常な意思の判断能力が必要になります。この能力を意思能力といいます。

しかし，社会のなかには，意思能力が十分でない人がいます。重度の認知症を発症している人，精神的あるいは知的な障害をともなっている人などです。これらの人は自由の名のもとに支援をしなければ，財産を失ったり，生活基盤を失ったりして個人の尊厳を損なう危険性があります。そこで，これらの人々

の身上保護（身上監護）や財産権を守る制度が必要となりドイツの世話法やイギリスの持続的代理権授与法などを参考にして創設されたのが成年後見制度です。

(2)　**成年後見制度の背景**　　私たちの社会は急速に高齢化が進んでいます。人は誰でも歳をとると判断能力や交渉能力が衰えてきます。残念ながら社会にはこれらを悪用する者が少なくありません。また，福祉サービスは従来の「措置」から「契約」に移行しています。契約とは，申込みの意思表示と承諾の意思表示の合致に基づく法律行為ですから，正常な判断能力がなければ施設を利用できません。ここから意思能力の不足を補い，本人保護を図る必要があります。

しかし，私たちは保護してもらうだけでは幸せではありません。人権の中核は「自由」ですから，自分の人生は自分自身で決定し，自分の能力を活用し，分け隔てなく社会参加できるようになるのが個人の尊厳に適います。すなわち，「本人保護」と社会福祉の３つの理念①自己決定の尊重②残存能力の活用③ノーマライゼーションの調和を図った制度が法定成年後見制度です。この制度は，「後見」・「保佐」・「補助」の３類型がつくられ，判断能力の程度に応じて弾力的な運用が行われています。

成年後見制度のできる前には，「禁治産制度・準禁治産制度」とこれと連動した「後見制度・保佐制度」がありました。しかし，判断能力の多様性に対応できないとか，禁治産宣告を受けると多くの資格に制約をうけるなどの弊害が指摘され活用が不十分でした。また，介護保険制度の導入により施設利用契約など契約締結能力が求められるようになりました。しかし，従来の制度では禁治産者の保護者以外には契約を締結する代理権がなく，保佐人は契約を締結することができません。ここから認知症高齢者，知的障がい者，精神障がい者などの意思能力が不十分な人の保護を図るため，従来の「禁治産者・準禁治産者」類型を「後見・保佐」に改め，新たに補助類型を加えた現行の法定後見制度がつくられたのです（**図表6**を参照）。

また，現時点では判断能力はあるけれど，将来の判断能力の低下に備え，支援者や支援内容を自分自身で決める制度として任意後見制度があります。

(3)　**成年後見制度の職務内容**　　成年後見制度の主な職務は二つあります。

図表6 成年後見制度の概要

	法定後見制度			任意後見制度
	後 見	保 佐	補 助	
本人の判断能力の程度	精神上の障害により事理弁識能力が常時欠けている	精神上の障害により事理弁識能力が著しく不十分	精神上の障害により事理弁識能力が不十分である	判断能力があるうちに契約をして，判断能力が低下してから開始
支援者	成年後見人	保佐人	補助人	任意後見人
監督人	成年後見監督人（必要に応じて選任）	保佐監督人（必要に応じて選任）	補助監督人（必要に応じて選任）	任意後見監督人
支援者の行為	日用品その他日常生活に関する行為を除くすべての法律行為について代理する	①民法13条で定めている重要な法律行為について同意・取り消しをする（日常生活に関する行為を除く）②本人の同意を得て審判で定められた特定の法律行為について代理する	本人の同意を得て審判で定められた重要な法律行為について①同意・取り消しをする（日常生活に関する行為を除く）②代理をする	公正証書であらかじめ定めておいた法律行為について代理する
支援者の権限	●取消権 ●代理権	●同意権・取消権（民法13条で定められている重要な法律行為について） ●申立てにより代理権	●申立てにより同意権・取消権 ●申立てにより代理権	●代理権（本人と契約で定めた事項）
身上配慮義務	成年被後見人の意思の尊重・本人の心身の状態および生活の状況に配慮する義務	被保佐人の意思の尊重・本人の心身の状態および生活の状況に配慮する義務	被補助人の意思の尊重・本人の心身の状態および生活の状況に配慮する義務	本人の意思の尊重・本人の心身の状態および生活の状況に配慮する義務

　財団法人　民事法務協会作成「自分らしい明日のために」DVD 資料（2011年作成）を参考に作成

注）　資格制限について

　平成25年の公職選挙法改正以前は，被後見人は，選挙権・被選挙権を喪失していました。しかし，現在は，被後見人となっても選挙権・被選挙権を失うことはありません。また以前は，被後見人や被保佐人となると欠格条項や欠格事由により専門的な資格が失われていましたが，成年被後見人の権利に関係する法律の制定により一律に業務から排除することはなくなりました。現在は，心身の故障等の状況を個別的・実質的に審査して制度ごとに必要な能力の有無を判断しています。

第一は，意思能力が不十分な人の財産権の保護にあります（財産管理）。具体的には，不動産の売買契約，税金や公共料金などの支払い，預貯金の管理や銀行など金融機関との取引，実印の管理などです。

　第二は身上保護です。身上保護（身上監護）とは，福祉施設の入所・退所の契約や各種福祉サービスの契約，本人宅への定期訪問など支援を必要とする人が安心して生活できる環境をつくることをいいます。婚姻，離婚，認知など一身専属権に属する内容については，職務の対象外です。また，身元引受人になることはできません。よく社会一般の方が勘違いするのですが，日常の食事の世話や介護をする行為は職務に入っていません。

3　日常生活自立支援事業（福祉サービス利用援助事業）

　福祉サービス利用援助事業は，認知症高齢者，知的障がい者など判断能力が不十分な人が，地域において自分らしく自立した生活が送れるようにするための権利擁護サービスをいいます。このサービスの実施主体は都道府県・指定都市社会福祉協議会です。この事業は創設時には「地域福祉権利擁護事業」といい，国庫補助要綱上は「日常生活自立支援事業」といいます。内容は，福祉サービスの利用援助，日常的な金銭管理サービス，書類などの預かりサービスです。

　具体的には，福祉サービス利用援助では，福祉サービスに関する情報の提供や利用手続きの援助，福祉サービスの利用料を支払う手続き，苦情処理制度の利用援助などです。日常的金銭管理サービスでは，年金・福祉手当の受領に必要な手続き，医療費の支払い手続き，公共料金の支払い手続き，日用品等の代金を支払う手続きなどです。書類等預かりサービスでは，各種証書や実印，通帳などを預かり，保管することを内容としています。

　日常生活自立支援事業は，料金が安価（たとえば，預かりサービスは月額1200円程度）なので利用しやすいのですが，宝石や貴金属などその物に高価な価値がある場合は対象外となり財産管理を十分網羅していません。それゆえにこの事

業の範囲を超えるときは，成年後見制度を利用する必要があります。

▶成年後見ワンポイントレッスン◀

以下の問題で支援者はどのような制度を使うことが考えられますか。

❶ Aさんは，最近，認知症が進み，塩と砂糖の区別がつかず，料理に混乱をきたしている。また，訪問販売員から必要がないのに浄水器や高価な呉服，化粧品を次々に購入している。配偶者はこの取引行為に困っている。

❶の答え：補助の開始が必要な事例です。

❷ Bさんは，最近，物忘れが激しくなり，買い物の際に出した紙幣の数をすぐ忘れてしまう。この状態で，自分が住んでいる土地と建物をすべて売却したいと考えている。

❷の答え：保佐が必要な事例です。

❸ Cさんは，脳梗塞で倒れ入院した。意識はあるが他人を区別できない状況にある。このとき，治療費を捻出するため本人の株券を売却したいと考えている。

❸の答え：後見が必要な事例です。

❹ Dさんは，軽度の認知症であったとき，自宅の改修契約に自信がなかったので補助人をつけた。しかし，近年認知症が更に進行し判断能力が全くなくなっている。配偶者は，後見に制度変更したいと考えている。

❹の答え：新たに後見の申立てをする必要があります。補助が当然に保佐や後見になることはありません。

❺ Eさんは，毎日郵便で送られてくる書類の内容がわからない。税金の不払いで自宅が差し押さえられることを心配している。

❺の答え：日常生活支援事業（福祉サービス利用援助事業）が必要な事例です。

4 高齢者の経済的虐待

(1) **経済的虐待の概要**　近年，高齢者の増加により高齢者の財産権が不当に侵害される事例が多発しています。在宅では，本人所有の土地や家屋が承諾のないまま売却されたり，年金や貯金が不当に使い込まれたりしています。施設においては，預かった金銭等を不当に管理したり，処分したりしています。これらの行為は，高齢者の生活・医療・介護などの費用に支障をきたし，高齢者の尊厳ある生活を脅かす重大な人権侵害行為です。

　そこで，高齢者虐待防止法では，経済的虐待を明文で規定し，在宅と施設に

おける高齢者の財産権の侵害を防いでいます。

(2)　**高齢者虐待防止法（高齢者虐待の防止，高齢者の養護者に対する支援等に関する法律）の意義**　　経済的虐待行為は，本来は刑法に規定する財産に関する各種犯罪に該当します。しかし，刑法は，親族間の犯罪に関する特例により一定範囲の親族による高齢者への財産権侵害行為は刑罰の対象から除外しています。これは，親族の情を刑法の社会秩序維持よりも重視した結果です。また，自由権は，伝統的に国家の理不尽な国民生活への介入を防ぐ手段として形成されてきた沿革から，警察実務は，家庭内のトラブルには警察権力は介入しないという方針が伝統的にとられてきたことも理由です。この結果，経済的虐待は，高齢者の財産権を著しく侵害するものであっても長年適切な防止手段がとられることはありませんでした。これでは，高齢者の財産を守る手段がありません。

　そこで，「経済的虐待」の他，「身体的虐待」，「心理的虐待」，「性的虐待」，「介護・世話の放棄・放任（ネグレクト）」に対応するために2005年に高齢者虐待防止法が制定されました（施行は2006年4月1日）。この法律の意義は以下の4点です。第1は，高齢者に対する財産の侵害を「経済的虐待」と明文で規定するなど虐待概念を明確化し，国民に違法行為の認識を示したことです。第2は，虐待防止の手段を虐待者への処罰に求めるのではなく，虐待をした養護者支援に求めたことです。虐待者に対する相談実施などにより，虐待者のストレス緩和に役立っています。第3は，国民に最も身近な行政である市区町村に第一次的な責任を負わせたことです。これにより，虐待に対して迅速な対応が可能となり，高齢者の人権保障が強化されました。第4は，通報制度をつくり，密室空間で発生し，人の目にふれ難い高齢者虐待を防止できるようになりました。

　しかし，この法律は，強い処罰効力があるわけではなく，国民や関係機関の努力を求める規定を中心としています。それだけに，支援者には強い人権意識が求められます。

(3)　**高齢者虐待早期発見マニュアル**　　福祉従事者は，日常の業務のなかで，経済的虐待に遭遇することが少なくありません。その際に，早期発見・早期対応が必要です。そのことから，厚生労働省は以下の高齢者虐待対応マニュ

アルを作成し，早期発見を促しています。

① 年金や財産収入があることは明白であるにもかかわらず，お金がないと
訴える。

② 自由に使えるお金がないと訴える。

③ 経済的に困っていないのに，利用者負担のあるサービスの利用料や生活
費の支払いができない。

④ 資産の保有状況と衣食住等生活状況との落差が激しくなる。

⑤ 預貯金が知らないうちに引き出された，通帳が盗られたと訴える。

また，経済的虐待は，高齢者側の要因として判断力や金銭管理能力の低下や
近隣社会からの孤立が考えられます。在宅における養護者側の要因としては，
リストラなどによる収入の不安定さやギャンブル，アルコール依存などが考え
られます。そこで，支援者は町内会や，老人クラブ，民生委員など関係者とコ
ミュニケーションネットワークを構築し，経済的虐待の早期発見に努めるとと
もに，行政機関との連携で福祉に関する情報の提供，相談など養護者に対する
支援にも努める必要があります。

(4) 経済的虐待の援助方法　　支援者が高齢者虐待を発見したときの基本的
対応は，市町村の高齢者虐待担当部局への通報です。通報については，高齢者
が在宅であるか施設にあるかにより通報者の義務が異なります。在宅の場合，
高齢者の生命または身体に重大な危険が生じている場合には，法的な通報義務
が課されます。重大な危険がない場合には通報の努力義務が課されます。努力
義務とは，「できればしてください」ということです。しかし，軽微な虐待を放
置すると，重大な虐待につながることが少なくありません。そこで，在宅の場合
には，誤報を恐れず虐待の情報をつかんだら市町村に通報することが必要です。

施設職員や福祉サービスに従事する職員が虐待を発見した場合は，高齢者の
生命や身体の状況にかかわりなく，市町村の当該部局に通報する法的義務が課
されています。この際に，誤報は処罰の対象となります。施設職員等（養介護
施設従事者等といいます）に一般人より重い責任を負わせているのは，福祉に従
事する者は，職務上の専門知識と虐待防止についての責任を負っているからで

す。ただ，過失による誤報を処罰の対象とすることは誤報を恐れて通報する者がいなくなるので問題です。ここから合理性のある通報については，誤報であっても処罰しないようにすべきです。

　次に，市町村は，高齢者虐待対応窓口となる部局と高齢者虐待対応協力者を社会に対して明確に周知する必要があります。虐待対応協力者には，地域包括支援センター，社会福祉協議会，社会福祉士会，弁護士会，司法書士会，などがあります。金銭管理など専門的な対応が求められる場合には，高齢者支援センターが担当しますが，高齢者や養護者の人間にふさわしい最低限度の生活が実現されていない場合には生活保護担当部局，年金の搾取が行われているような場合には社会保険事務所などの関連行政機関との連携が必要となります。私たちは，経済的虐待の事実の確認について，「立ち入り調査」に期待をかける傾向があります。しかし，立ち入り調査は，養護者の平穏な生活を乱す危険性がありますから，安易に認められるものではありません。このように高齢者および養護者の人権と虐待対応協力者の対応が対立する場合，立ち入り調査の目的を達成するうえで，高齢者および養護者の人権制約が最も少ない方法を考える必要があります。

　身体的虐待が著しい場合は，養護老人ホームへの入所措置や緊急ショートステイなどを行うことができます。現に，株券の売却や土地の名義変更，年金の搾取あるいは預金が使われているなどの緊急性がある場合には，支援者が代理の要件（支援者が利用者の名前で代理人であることを示して「～する権利」を与えられていること）を満たしているときは，利用者の代理人として，それがないときは事務管理（法律上の義務がないのに事務を処理することをいいます）として文書により通報する必要があります。この際には，内容証明郵便など日付が明確な手段をとる必要があります。

(5)　施設従事者等における財産権の侵害（経済的虐待）防止策　　施設において発生する財産侵害に横領があります。この背景には，特定の職員のみが経理を担当し，施設内部のチェック機能が不十分であることが挙げられます。そこで，金銭管理については，複数の職員でチェックし，単独で金銭の出納がで

図表7　高齢者虐待

高齢者虐待の区分	内容と具体例
身体的虐待	高齢者の身体に外傷が生じ，または生じるおそれのある暴力を加えること ・殴る，つねる，蹴る，無理やり食事を口に入れる ・身体拘束としてベッドに縛り付ける ・薬を意図的に服用させて行動を抑制する
介護・世話の放棄・放任	高齢者を衰弱させるような著しい減食，長時間の放置，養護者以外の同居人による虐待行為の放置など，養護を著しく怠ること ・入浴させていない，散髪させていない ・脱水症状や栄養失調状態にしている ・著しく不衛生な環境にしている ・同居人による高齢者虐待行為を放置している ・高齢者本人が必要とする介護・医療サービスを，相応の理由なく制限したり使わせない
心理的虐待	高齢者に対する著しい暴言または著しく拒絶的な対応その他の高齢者に著しい心理的外傷を与える言動を行うこと ・排泄の失敗を嘲笑したり，それを人前で話すなどにより高齢者に恥をかかせる ・怒鳴る，ののしる，悪口をいう ・侮辱を込めて子どものように扱う ・高齢者が話しかけているのを意図的に無視する
性的虐待	高齢者にわいせつな行為をすることまたは高齢者をしてわいせつな行為をさせること ・排泄の失敗に対して懲罰的に下半身を裸にして放置する ・キス，性器への接触，セックスを強要する
経済的虐待	養護者または高齢者の親族が当該高齢者の財産を不当に処分することその他当該高齢者から不当に財産上の利益を得ること ・年金や預貯金を本人の意思・利益に反して使用する ・本人の不動産等を本人の承諾なく売却する ・日常生活に必要な金銭を渡さない

注）図表7は，『家庭内における高齢者虐待に関する調査（平成15年度）』財団法人医療経済研究機構，『市町村・都道府県における高齢者虐待への対応と養護者支援について（平成18年度）』厚生労働省老健局を参考に著者作成。

きないようにすることが必要です。また，在宅サービスについても複数の職員によるチェック体制の整備が必要です。チェック体制は，サービスを利用している高齢者の財産権保障にとって必要なことはいうまでもありませんが，施設職員等が安心して働くためにも必要です。チェック体制を整備していれば横領による施設リスクを防止するばかりか，職員の経済的虐待についてのストレスを軽減することにもなります。

＊高齢者虐待とは，高齢者虐待防止法によれば，「身体的虐待」，「介護・世話

の放棄・放任」,「心理的虐待」,「性的虐待」,「経済的虐待」をいいます（**図表7を参照**）。

知識チェックポイント6

正しい選択肢には○,誤りには×をつけなさい。

1 ☐ 財産権の保障は日本国憲法ではじめて規定された。

2 ☐ 成年後見人の仕事に,食事や実際の介護も含まれる。

3 ☐ 成年後見人の役割には,本人の意思を尊重し,財産を管理したり売買契約を結ぶことが入る。

4 ☐ 同居の孫が高齢者の年金を搾取するのは経済的虐待である。

5 ☐ 高齢者虐待防止法は,虐待者を処罰することにより社会秩序の維持をめざしている。

6 ☐ 施設職員や介護サービスの従業員が利用者の財産を侵害していると思われるとき,市町村の窓口に通報することは,職務上の守秘義務違反となる。

7 ☐ 利用者の財産が道路拡幅のために,適正な手続きで収用されるとき,支援者は利用者の財産権は絶対的であり,制約できないと代弁すべきである。

8 ☐ 支援者が利用者の自宅において経済的虐待を発見しても,通報は被虐待者のプライバシーの問題があり,家庭の自治を大切にすべきであるから,通報は控えるのがよい。

9 ☐ 成年後見人は被後見人の婚姻について同意権をもっている。

10 ☐ 経済的虐待かどうかの判断は,人権の見地から厳格にすべきではなく,その人らしい生活が侵害されていれば,経済的虐待のおそれがあるとして注意すべきである。

（解答と説明は143頁）

7　生存権の保障

キーワード

生存権　　自由による弊害　　格差社会の修正　　ドイツ・ワイマール憲法
20世紀的基本権　　生活保護　　スティグマ　　ミーンズテスト　　自立した生活
プログラム規定　　朝日訴訟　　堀木訴訟　　外国人の人権享有主体性
塩見訴訟

1　生存権の意義と歴史

　生存権とは，個人の尊厳を維持するために衣食住の最低限度の諸条件を国に
請求できる人権をいいます。また，社会権の中核規定として，教育を受ける権
利（憲法26条），勤労権（憲法27条），労働三権（団結権・団体交渉権・争議権）を
解釈するうえでの指導的な役割を果たします。

　この人権は，自由権が生み出した格差社会を修正する人権として20世紀に登
場しました。18世紀に形成された自由権は，国家が国民の経済活動へ介入・干
渉することを排除した結果，19世紀後半には資力をもつ者は富を拡大し，資力
をもたない労働者などは，極度の貧困や疾病により生存が脅かされる事態に陥
り，もはや国家の介入による社会的弱者の支援なくしてはこの問題を解決でき
なくなりました。ここから，自由による弊害を補い「人間に値する生存」を実
現するために生まれてきたのが生存権です。

　ところで，この人権がはじめて憲法上に明文化されたのが，1919年のドイ
ツ・ワイマール憲法です。ここから生存権は，「20世紀的基本権」と呼ばれます。

　日本では，明治憲法には生存権規定はなく，日本国憲法ではじめて生存権が

規定されました。わが国の生存権の形成と日本国憲法の規定については，**2**の人権の歴史で触れていますので，そちらを参照して下さい。

2　福祉と生存権

　生存権は，歴史的に社会的弱者の個人の尊厳を守る人権の色彩が強いのですが，現代においては社会全体を豊かにする人権の役割も兼ね備えています。すなわち，生存権を具体化した社会保障の生活保護（公的扶助）の財源は，累進課税による高額所得者の税金です。これを社会の隅々に配分することにより，多くの人が生活に必要な物資を購入することができるようになり，社会全体を豊かにしているのです。

　たとえば，社会のなかで1割の人が富裕層で，残り9割が生活困窮層とします。この社会で，1割の金持ちが資力にものをいわせて1人で自動車を10台も買うでしょうか。常識的には，買わないでしょう。自動車がよく売れる豊かな社会をつくるには，貧しい層に豊かな層の富を分配して，自動車を買える環境をつくる必要があります。こうして，所得の再分配により社会的に貧しい人の購買力を増やし，社会全体が豊かになり，結果として豊かな人も需要の拡大に参加すれば，豊かさを継続できるのです。

　生活保護を受ける人には，ミーンズテスト（資力調査）が行われるため，自分は社会の落伍者だというスティグマが生じることが少なくありません。そのため，自分の人生に自信をなくし，脱力感のまま人生を終えることがあります。また，その姿は，子どもに継承され，生活保護世帯の世代継承が発生しています。しかし，生活保護を受けることも社会を豊かにする社会参加であり，受給は社会の一員としての被保護者の当然の権利です。人間誰しも，いくら頑張っても健康で文化的な最低限度の生活を維持できない諸事情に遭遇することがあります。被保護者の支援者は，このことを被保護者に理解してもらうよう努め，生活保護をきっかけに徐々に自立した生活が実現できるように支援する必要があります。

　ただ，生活が困窮したというだけで生存権を具体化した生活保護法を根拠に
国家による支援（公的扶助）を求めることはできません。なぜならば，容易に
国家が国民の生活に介入すると，個人の尊厳にとって最も重要な人権である自
由権を侵害する危険性があるからです。生活保護法は，4 条 2 項で「民法に定
める扶養義務者の扶養及び他の法律に定める扶助は，すべてこの法律による保
護に優先して行なわれるものとする」として，私的扶養を公的扶助に優先させ
ています。また，公的扶助については，生活保護法 4 条 1 項で，「保護は，生
活に困窮する者が，その利用し得る資産，能力その他あらゆるものを，その最
低限度の生活の維持のために活用することを要件として行われる」としていま
す。これは，「保護の補足性の原理」と呼ばれ，ミーンズテストを経て開始さ
れます。

　このように，安易な生活保護の実施は自立する力を損ない，個人の尊厳を侵
害する危険性をもっていることも支援者は理解する必要があります。

3 生存権の法的性格

　⑴ **プログラム規定説の内容と背景**　　では，生存権からどのような内容の
権利を国家に請求することができるのでしょうか。裁判例では，生存権をプロ
グラム規定と解釈しています。プログラム規定とは，「生存権は単に政府に政
策目標を示したに過ぎず，政府はその実現に努力する政治的・道義的責任は負
うが，生存権が問題となる訴訟が提起されても，国民が裁判で争うことができ
る具体的な法的拘束力をもつものではない」とする学説です。分かりやすくい
えば，社会福祉の向上をめざすスローガンにすぎないということです。少し
がっかりしましたか。ただし，生存権を具体化する社会福祉立法（たとえば生
活保護法）が制定されると，その法律を根拠とし権利として主張することがで
きると考えます。

　この考え方は，ドイツ・ワイマール憲法の生存権の解釈を日本にそのまま導
入したものです。第一次世界大戦の敗戦国であるドイツは，当時，著しいイン

フレに見舞われ，現実に国民の生存を保障する財政力はありませんでした。11頁でも示した例ですが，みなさんのなかには，人がリアカーに山盛りのマルクの札束をもってパン１個を買いに行っている挿絵を世界史の書籍等で見た人がいるかも知れませんが，あの状況です。そうした状況で，現実の財政難と国民の人間に値する生存の保障という崇高な理想の調和を図る考えとして出てきた理論が「プログラム規定説」なのです。

　日本国憲法が施行された1947年５月３日の時点で，旧植民地からの引揚者は第１回経済白書によれば536万人でした。これらの人たちは，着の身着のままで，生活に困窮していました。また，日本国民の多くは，戦災で家財や職を失っていました。このような状況のもとで，日本政府は生存権を実現するだけの財政力はなかったのです。そこで，日本でもドイツと同様に生存権の理想と現実のギャップを埋める解釈としてプログラム規定説が採用されたのです。

　(2)　**プログラム規定説を前提とした社会福祉援助**　　プログラム規定説は，第１に私たちの経済体制の原則は資本主義であることを前提としています。資本主義とは，自分の財産を使い，自由に経済活動を行う経済体制です。これは，自助自立を原則としているので，生存権から具体的な請求ができるとするのは資本主義に馴染まないという理由からです。第２に，生存権の規定は，抽象的であり，「健康で文化的な最低限度の生活」は時代により異なるので，権利として確定するのは困難であることを理由とします。しかし，生存権をプログラム規定と理解したのでは，憲法が「すべて国民は，健康で文化的な最低限度の生活を営む権利を有する」と条文上明記した意義が薄れてしまいます。ここから憲法学者や社会保障学者の多くはこの考え方を支持していません。

　憲法学者の通説的な考えは，「抽象的権利説」といわれるものです。抽象的権利説は，健康で文化的な最低限度の生活保障は，生活保護法ができてはじめて権利として主張できる点では，プログラム規定説と同じです。しかし，この説は生存権を政治的努力目標ではなく，法的な権利とするところがプログラム規定説との違いです。抽象的権利説によると，生存権は抽象的な内容なので訴訟において，この条文を根拠にすることはできませんが，この権利を具体化す

る生活保護法によって、生存権（憲法25条1項）が定める健康で文化的な最低
限度の生活保障を争うことができることになります。

　現在、（福祉に携わるみなさんが期待する）生存権から直接「健康で文化的な最低
限度の生活」に値する生活扶助を導くと主張する学説は憲法学者ではほとんど
支持がなく、社会保障法学者の一部が主張するにすぎません。学説のなかに具
体的権利説というのがあります。イメージとして「私に○○の給付をしろ」と
いえるように思いがちですが、そうではありません。具体的な給付を実現する
法律をつくらないことが憲法25条に違反することを裁判で確認できるだけです。

　この点をふまえて、支援者は利用者（被保護者など）の生存権保障を考える
必要があります。すなわち、利用者の各種福祉制度による受給が十分でないと
きは、単に「生存権が侵害されている」と利用者を代弁しても効果がありませ
ん。まず、どの法律に規定されている権利なのかを確定する必要があります。
そして、受給が不十分な場合には、当該行政庁の裁量の範囲を検討し、権限の
逸脱や濫用となっていないかをチェックし、この論点を代弁することが必要で
す。さらに、法律がないので不当に利用者の生存権が侵害されていると思うと
きは、ソーシャルアクション（社会福祉活動）により、行政に政策の実施を提言
したり、利用者の権利を守る社会環境を整備したりすることが考えられます。

4　生存権の裁判例

(1)　**朝日訴訟**（最大判昭和42年5月24日）　　朝日茂さんは、重い肺結核を患
い、療養所に入所し、身よりもなく無収入であることから生活保護法に基づく
医療扶助、生活扶助の受給により生活を続けていました。しかし、福祉事務所
の調査によりお兄さんがいることがわかり、月々1500円の仕送りを受けること
になりました。すると、福祉事務所長は、今まで支給していた日用品費600円
を打ち切り、仕送り額から600円を差し引いた900円を自己負担として医療費の
一部に充てるという処分をしました。朝日さんはこれを不服とし、県知事、さ
らに厚生大臣（当時）に不服申立てをしましたが、却下裁決（いわゆる門前払い）

が下されました。そこで，朝日さんは，却下裁決の取消しを求めて裁判所に訴えたのがこの裁判です。この裁判は，生存権を理解するうえで重要な判断がいくつか示されました。

　第1は，生存権をプログラム規定と判断したうえで，人に値する生活を求める具体的な権利は，個別法規（ここでは，生活保護法）によりはじめて与えられると解したことです。この解釈は，その後の堀木訴訟など生存権をめぐる裁判に踏襲されています。第2は，何が「健康で文化的な最低限度の生活」であるのかの認定判断は，厚生大臣（当時）の合理的な理由に基づく自由な判断に任されているので違法の問題は生じないとし，現実の生活条件を無視して，著しく低い基準を設定するなどの場合には，違法行為として裁判の対象になるとしたことです。

　(2)　**堀木訴訟**（最大判昭和57年7月7日）　　堀木フミ子さんは，全盲の視力障害者であり，国民年金法による障害福祉年金の受給者です。離婚後，自分1人で育てていた次男に対する児童扶養手当ての受給資格の申請をしたところ，当時の児童扶養手当法では「児童扶養手当とほかの公的年金給付を同時に受けることができない」という併給禁止規定があったため，受給資格を欠くとして却下されました。そこで，堀木さんは，この却下処分の取消を求めて裁判所に訴えました。

　この裁判の第1のポイントは，憲法25条の規定は，生存権の法的性格について基本的に朝日訴訟のプログラム規定説を踏襲したことです。第2のポイントは，憲法25条の規定の趣旨にこたえて具体的にどのような法律を制定するかは，国会の広い裁量に委ねられているので違法の問題は生じないとしたうえで，著しく合理性を欠き明らかに裁量の逸脱・濫用の場合には裁判所は審査すると判断したことです。

5　外国人の人権享有主体性と生存権

(1)　**外国人の人権享有主体性**　　外国人の人権享有主体性とは，日本に住ん

でいる外国人が，日本国憲法が保障する基本的人権を有する地位があることをいいます。諸外国の憲法には，在留外国人の基本的人権について，権利の範囲を明文で規定しているものがあります。たとえば，イタリア憲法（10条2項），大韓民国憲法（6条2項），ブラジル憲法（150条），ベルギー国憲法（128条）などです。しかし，日本国憲法には在留外国人の基本的人権がはっきりと文章で書かれていないので，この問題は憲法解釈に委ねられています。

マクリーン事件は，このことが問題となった裁判例です。この裁判例では，「憲法の基本的人権の保障は，権利の性質上日本国民のみをその対象としていると解されるものを除き，わが国に在留する外国人に対しても等しく及ぶ」と判断しています。ここで，ポイントになることは，外国人の人権保障について，肯定しながら，その範囲については，人権の性質で判断するとしていることです。

参政権については，裁判例は国政選挙と地方選挙を区別して，前者については国民主権原理（国の政治の最終決定権は国民が握るとする原理）を理由に選挙権・被選挙権の両方を認めていません。しかし，地方選挙権については，「永住者など，その居住する地域の地方公共団体と特別に密接な関係をもつ者については，法律をつくって，地方公共団体首長や地方議会議員に対する選挙権を与えることは，憲法上禁止されていない」としています。すなわち，国政選挙には参加できないが，地方選挙には参加する余地があるということです。

(2) 外国人の生存権

(a) **在留外国人の現状**　日本には，日本人の他に外国人が生活しています。法務省入国管理局の2022年6月の資料によれば，在留外国人は約296万人となっています。これは，わが国の総人口の2.3％にあたります。これらの人にも日本人と同様の生存権の保障があるのでしょうか。この問題は，とくに日本の植民地政策に起因して日本に生活の拠点をもつようになった在日韓国・朝鮮人など定住外国人について問題となります。2022年特別永住者は約29.3万人おり，なかでも最も多いのは日本の植民地支配に由来する人です。またこの人たちは，他の在留外国人に比べて高齢化が著しくなっています。

　(b)　**塩見訴訟**　　塩見訴訟は，外国人の生存権が問題となった裁判です。塩見さんは，1934年に韓国人の子どもとして大阪で生まれ，幼児のときに失明し，1959年に障害の認定（廃疾認定）を受けました。1970年に日本国籍を取得したときに障害者福祉年金（改正前の国民年金法81条１項）の申請を大阪府知事にしたのですが，障害認定日当時，日本国民でなかったために支給が却下されました。そこで，却下の原因となった国民年金法56条１項ただし書（1981年改正前）の「国籍条項」の憲法14条，憲法25条違反を主張して出訴したものです。

　この裁判例は，在留外国人の生存権についてはじめて最高裁が判断したものとして意義があります。最高裁判所は，特別永住者の生存権を一般的に否定したうえで，「限られた財政上での福祉的給付に当たり自国民を在留外国人より優先的に扱うことは許される」としています。

　実務においては原則として，生存権は国家の支援を内容とする権利であることから「まず在留外国人の国籍の所属する国によって保障されるべき権利を意味するのであり，外国人にも保障されるべき権利を意味しない」と考えています。ここから外国人は，生存権を具体化した生活保護において，原則として権利として生活保護を請求することはできません。しかし，現実には定住外国人に限定して人道的観点から，日本人に準じた生活保護を行っています。

　ここで注意していただきたいのは，人道的観点からでさえ，非定住外国人は生活保護の対象になっていないことです。このことから不法滞在者を含む非定住外国人が交通事故等に巻き込まれ緊急医療が必要となった場合の支援が大きな問題となっています。裁判例（最判平成13年９月25日）では，不法滞在中に交通事故に遭い生活保護を申請した事案で「生活保護法の適用を在留外国人に認めなくても，憲法25条に違反しない」として生活保護の適用を認めていません。

　一方，憲法学者の多くは，外国人に生存権の保障が原則的に認められないのは妥当ではないとして，とりわけ，定住外国人については，その歴史や現在の生活実態等を考慮すれば日本人と同様の保障することが憲法の趣旨に合致する

と考えています。

(3) **在留外国人への社会福祉援助**　在留外国人への社会福祉援助において
は，支援を必要とする利用者の社会的・文化的・宗教的背景を尊重する必要が
あります。

　1つの例ですが，大阪市生野区には大きな在日コリアンのコミュニティーが
あり，そこの高齢者は戦前韓国の済州島から日本に来た人が大勢います。なか
には，認知症を発症している人も少なくありません。認知症の特色として，現
在のことは忘れてしまうのですが，幼い頃のことを思い出し，その世界を現実
の世界と思い込む症状があります。そうなると，今まで使っていた日本語や現
代の韓国語ではなく，方言色のきわめて強い古い時代の済州島の言葉を使い始
めます。しかし，在日コリアン3世・4世あるいは5世にはこのような古い言
葉が理解できません。まして，日本人には理解できません。このような状況か
ら，社会のなかで，孤独でかつ人間に値する生活から見落とされる人が出てき
ています。

　私たちは，言葉が十分通じない利用者に対しては，まず，相手を受け入れる
受容的な態度を示す必要があります。これが，相手に対する個人の尊厳への第
一歩です。「わかりっこない」とか「無視」，「あとで，あとで」，「ボケ」など
の表現は，相手の人格権を著しく傷つけ，社会参加の意欲や自立への意欲を喪
失させます。また，間違いを指摘し，怒鳴る行為も相手との信頼関係を損ない
ます。支援者が利用者に合わせることが大切です。具体的には，誰にでもわか
るような絵や図を用いて言葉以外のコミュニケーションを図ることは有効な手
段でしょう。また，家族や友達の懐かしい写真を飾って残存能力の回復を図る
ことも有効だと思います。

　日本の高齢者施設においては，リクリエーションの時間に一緒に童謡を歌っ
たり，お手玉などをして楽しみます。ところが，在日コリアンの高齢者のなか
には，学校に行った経験がない人が少なくありません。小学校で学んだことを
基準として，異文化で育った人のリクリエーションを組むとグループからの孤
立を招くことがあります。そのようなときは，個別に楽しめ，個人の誇りを示

すことができるいわゆる「お絵かき」などを活用するのも１つの手段です。これは，人権の基本である個人主義の尊重，自己決定権の尊重，表現の自由の尊重につながります。このように，支援者には，価値と援助手段の多元性を認める視点が求められます。

6 生活保護と人権

　2022年５月の資料によると，保護率が1.6％で，被保護者が202万3336人いました。2019年秋からの新型コロナウィルスの感染と高齢化の進行で，今後さらに保護申請数の上昇が予測されています。

　2022年５月の世帯類型別では，高齢者世帯が55.8％，傷病者・障害者世帯が24.7％，母子世帯が4.1％となっています。生活保護法による最低生活の保障は生活扶助，教育扶助，住宅扶助，医療扶助，介護扶助，出産扶助，生業扶助，葬祭扶助の８種類があります。

　日本の近代的な生活保護は，1946年にGHQ主導で制定された旧生活保護法によりはじめられました。しかし，この法律は日本国憲法の生存権に基づいたものではなく，不十分な内容が多かったので，1950年に生存権に基づいた現行の生活保護法が制定されました（**図表8**を参照）。

　(1)　**生活保護の基本原理**　　生活保護の第１の基本原理は，「国家責任の原理」です。生活保護法１条は，憲法25条の生存権を具体化して，国の最低限度の生活保障を規定しています。しかし，国家は生活保障が最終目的ではなく，被保護者の自立の支援を最終目的としています。ですから，支援者は，利用者（被保護者）の家族状況，資産状況，能力，資格，健康状態，性格，周囲の社会資源などを細かく検討して，利用者が社会の一員として，可能な限り自立して思い通りの人生を実現できるようにかかわることが，人権尊重で最も大切なことです。

　第２の基本原理は，「無差別平等の原理」です。これは，生活困窮者の世界観や宗教，性別や社会的地位あるいは生活困窮に陥った原因にかかわらず，単

純に「最低限度の生活を維持できない経済的な困窮状態」であることのみを理由として生活保護が実施されるということです。ここで大切な人権の視点は，平等は実質的平等であると考えることです。同じ条件のときに同じ扱いを受けるのが実質的平等です。ですから，年齢や性別あるいは生活困窮の程度や健康状態が異なる場合は，自立して健康で文化的な最低限度の生活実現への支援の程度は当然に異なるわけですから，異なった扱いをすることになります。

　第3の基本原理は，「最低生活の保障の原理」です。最低限度の生活とは，とても抽象的な概念です。このときの人権の視点の確立には朝日訴訟以降の最高裁判所の判断が示唆を与えてくれます。すなわち，何が健康で文化的な最低限度の生活なのかは，時代とともに変化するのであり，その時代・地域などにより個別に判断するということです。この場合，生活保護費は国民の財産権を制約して，徴収した税を被保護者へ所得の再分配として使っているので，生活保護を受けていない人の生活水準を上回るものであってはいけません。人権の視点として，最低生活の保障の実現，自立の支援，生活保護を受けていない人の所得とのバランスが必要です。

　第4の基本原理は，「保護の補足性の原理」です。これは，保護は，生活に困窮する者が，その利用しうる資産，能力その他あらゆるものを，その最低限度の生活の維持のために活用することを要件として行われるということです。すなわち，自分のもっている財産，人脈，能力，資格などをすべて使って，それでも人に値する最低限度の生活を維持できない場合にはじめて生活保護が実施されるということです。

　しかし，この場合には，ミーンズテストが行われるので，生活保護を申請した人はスティグマをもちます。そこで，支援する人は，安易な生活保護の支援ではなく，もてる資力と潜在的な能力の発掘，さらに自分の力で活路を切り開くというエンパワメントの増強を第一次的に図ることが利用者の人権の尊重に役立ちます。

図表8　新旧生活保護法の比較

	旧生活保護法（1946年施行）	現行生活保護法（1950年施行）
・生活扶助	○	○
・教育扶助	×	○
・住宅扶助	×	○
・医療扶助	○	○
・介護扶助	×	○（2000年に追加）
・出産扶助	○	○
・生業扶助	○	○
・葬祭扶助	○	○
生存権の裏づけ	×	○
保護の実施機関	市町村長	・都道府県知事 ・市長 ・町村長 （福祉事務所を設置している場合）
扶助主義	一般扶助主義	一般扶助主義
社会福祉主事	×	補助機関
民生委員	補助機関	協力機関
保護請求権	×	○
欠格条項	素行不良者は対象外	素行不良者も対象

知識チェックポイント7

　　　正しい選択肢には○，誤りには×をつけなさい。

1 ☐　生存権を根拠に具体的な生活扶助を求めることができる。

2 ☐　生存権は，日本人と同様に外国人にも保障される。

3 ☐　生存権はドイツ・ワイマール憲法ではじめて保障された20世紀的基本権である。

4 ☐　生活保護受給権は被保護者が死亡した後は，相続の対象になる。

5 ☐　健康で文化的な最低限度の生活の具体的な内容は，国民経済の進展やその他の多数の要素を考慮して，決定できる。

6 ☐ 「健康で文化的な最低限度の生活を営む権利」（憲法25条）を具体化する法律については，それが著しく合理性を欠き，明らかに国会の裁量の逸脱・濫用とならなければ，裁判所は審査判断しない。

7 ☐ 国は生存権を保障するため，社会福祉や社会保障の充実に努力しなければならず，生存権を具体化する法律の1つとして，生活保護法がある。

8 ☐ 生活保護法は，憲法25条で規定される国民の健康で文化的な最低限度の生活を保障するとともに，自立支援を目的としている。

9 ☐ 無差別平等の原理とは，すべての被保護者に対して全く同じ内容の給付の保護をすべきということである。

10 ☐ 保護の補足性の原理とは，労働能力を有する生活困窮者は生活保護の資格がないということである。

（解答と説明は144頁）

❽ 人権救済と裁判所

キーワード

法の支配　憲法の番人　裁判の種類　裁判所の種類　三審制　少年事件
司法権　部分社会　違憲審査権　付随的審査制

1 裁判所の役割

　私たちの人権が侵害されたとき，最終的に憲法を盾にして，人権を守ってく
れるのが裁判所です。憲法は，「何人も，裁判所において裁判を受ける権利を
奪はれない」（憲法32条）と，具体的に裁判所に救済を求めうることを規定して
います。

　憲法の定める国家統治のしくみは，国会，内閣，裁判所です。内閣と国会
は，国民の多数決の意見により支配されます。多数決は，国民の意見を広く国
政に反映するための手段として民主主義には不可欠の意思決定手段ですが，人
権を無視して多数決を適用すると少数者の人権が侵害されます。具体的には，
民意を煽動して議会で多数をとり，合法的にユダヤ人を虐殺したナチス・ドイ
ツを思い浮かべて下さい。また，たとえば1980年代の漫才ブームのとき，笑う
のに躊躇したギャグに「赤信号みんなで渡れば怖くない。じいさん，ばあさん
みんなでいじめりゃ悪くない」というのがありました。これなども多数決の弊
害を的確に表したものです。

　このように多数決により少数者の人権が侵害されたときに，多数決に左右さ
れない国家機関として人権の救済にあたるのが裁判所であり，「人権救済の最
後の砦」といわれています。

みなさんに知って欲しい言葉に「法の支配」があります。正しい法律は，私たちの権利・利益を守ってくれますが，誤った法律を国会が制定すると私たちの権利・利益を侵害します。たとえば，あくまで仮定での話ですが，後期高齢者を医療制度から切り捨てる法律とか，生活困窮者の生活保護を廃止する法律，あるいは人身売買を容認するする法律などです。

私たちの歴史のなかで，法律なら何でもできるという考え方（形式的法治主義といいます）は，多くの人権侵害を引き起こしました。たとえば，ナチス・ドイツにおけるユダヤ人の自由や財産を極度に制限した法律です。戦前の日本においても同様な法思想のもとで治安維持法が制定されています。これでは，私たちの個人の尊厳を保障することはできません。

そこで，日本国憲法においては，「法の支配」という原理が採用されています。「法の支配」とは，人権保障を目的とした正しい法に基づいてすべての国家作用は行われるという原理です。そのため，憲法に国民の人権保障の役割を担わせ，最高法規の地位を与えるとともに，憲法に反する法律は法律としての正当性を与えないようにしています。そして，憲法を根拠として，国民の人権を守る働きを担っているのが，裁判所です。ここから，裁判所は憲法の番人といわれています。

2 裁判と裁判所の種類

(1) **裁判の種類**　裁判には，①民事裁判，②行政裁判，③刑事裁判，の3種類があります。民事裁判は，福祉の現場でいえば，施設内で介護事故を発生させた場合の損害賠償請求や入所費用の不払いによるトラブル，プライバシー権や肖像権の侵害などを争う裁判をいいます。行政裁判は，福祉施設の設置の認可をめぐる問題や生活保護受給の取消しや受給金額をめぐる争い，あるいは課税や営業停止処分など，行政を相手に争う裁判をいいます。この場合，裁判に訴える側を原告，訴えられる側を被告といいます。刑事裁判は，施設内で職員が利用者に対して傷害を負わせたとか，利用者が職員に暴行したなど，刑法

やその手続きに関係する刑事法に触れる行為をしたときの裁判をいいます。刑事裁判の場合は，裁判に訴える側を原告，訴えられる側を被告人といいます。

　(2)　**裁判所の種類**　　裁判所は，最高裁判所と下級裁判所で構成されています。下級裁判所は，高等裁判所，地方裁判所，家庭裁判所，簡易裁判所の4種類があります。最高裁判所と4つの裁判所をあわせて通常裁判所といいます。通常裁判所以外の裁判所が特別裁判所です。これは，特定の身分をもつ人や特定の事件を対象に裁判するために設置されたもので，戦前の軍隊での事件を扱う軍法会議や皇室裁判所がこれに該当します。特別裁判所は，人権を守る通常裁判所と違い，憲法による人権保障機能をもっていません。そこで，日本国憲法は，「特別裁判所は，これを設置することができない」（76条2項）としています。なお，国会に裁判官の罷免審査目的で設置される弾劾裁判所は，憲法が例外として認めた特別裁判所です。また，第一審を公正取引委員会などの行政機関が担当しても，後に通常裁判所で審判を行うことが確保されていれば憲法で禁止されている「行政機関による終審裁判」（76条2項後段）にはなりません。

　家庭裁判所は，家事審判や少年事件を扱う最高裁判所のもとにある裁判所であり，特別裁判所ではありません。また，簡易裁判所は，民事・刑事事件をできるだけ簡単に早く処理するための裁判所であり，訴訟価額が140万円以下の民事事件と罰金刑以下の刑にあたる罪および窃盗や横領など軽微な刑事事件の第一審を担当します。

　(3)　**三審制のしくみ**　　三審制は刑事事件と民事事件で異なります。刑事事件では，第一審は，簡易裁判所，地方裁判所，家庭裁判所が担当します。第一審に不服の場合に第二審に訴えることを控訴といい，第二審のことを控訴審といいます。控訴審を担当するのが，高等裁判所です。高等裁判所の判決に不服の場合に，最高裁判所に訴えることを上告といい，第三審のことを上告審といいます。

　民事裁判では，第一審を地方裁判所と家庭裁判所が担当した場合は，控訴審は高等裁判所になり，上告審は最高裁判所になります。しかし，簡易裁判所が

図表9　裁判所のしくみ

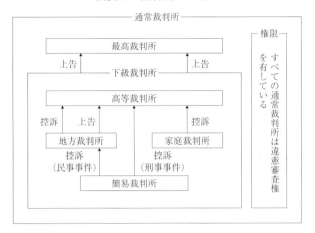

担当した場合には，控訴審が地方裁判所となり，上告審が高等裁判所となります。

3 少年事件手続

　少年法では，20歳未満の男女が犯した犯罪を少年犯罪といい，成人とは異なる刑事手続が行われます。少年事件が扱う少年には，「犯罪少年」，「触法少年」，「虞犯少年」の3種類があります。犯罪少年とは，罪を犯した14歳以上20歳未満の者をいいます。触法少年とは，罪を犯しているのですが，犯罪当時14歳未満であるため，刑法上は刑罰の対象とならない少年をいいます。虞犯少年とは，20歳未満で，いわゆる生活面での不良行為があり，生活環境や性格から判断して，罪を犯す危険性がある少年をいいます（**図表10**を参照）。

　少年は，人格の形成過程であるという点や将来の更生可能性を考慮して，少年法上，成人とは異なる刑事手続が行われます。少年が14歳未満の場合は，児童相談所に通告し，必要な場合，児童相談所経由で家庭裁判所に少年を送致します。

図表10　児童福祉関係で知っておきたい年齢

	年　　齢
児童	満18歳に満たない者（児童福祉法４条１項）
新生児	出生後28日を経過しない乳児（母子保健法６条５項）
乳児	満１歳に満たない者（児童福祉法４条１項１号）
幼児	満１歳から，小学校就学の始期に達するまでの者（児童福祉法４条１項２号）
少年	児童福祉法では，小学校就学の始期から，満18歳に達するまでの者（同法４条１項３号） 少年法では，20歳に満たない者（同法２条１項）
犯罪少年	14歳以上20歳未満の者（少年法３条１項１号）
触法少年	14歳に満たない者（少年法３条１項２号）
虞犯少年	保護者の正当な監督に服しない性癖のあること，正当の理由がなく家庭に寄り付かないことなどの理由があって，その性格または環境に照らして，将来，罪を犯し，または刑罰法規に触れる行為をする虞のある少年（少年法３条１項３号）
成年	民法上の成年の年齢は，令和４年４月１日より18歳となった（民法４条）

　14歳以上の場合には，警察や検察庁の捜査が行われ，全件が家庭裁判所に送致されます。家庭裁判所では，家庭裁判所調査官により調査が行われた後に審判に付されます。審判は，少年の再非行防止を主眼におき，犯罪行為を確認したうえで，少年個人の問題に適切な処分を決定します。この処分には，保護観察，少年院送致などがあります。

　家庭裁判所が保護処分ではなく刑罰を科すべきと判断した場合に，検察官送致（いわゆる「逆送」）が決定されます。重大な事件は，原則として検察官送致となります。現在の原則として検察官送致となるのは，16歳以上の少年のとき犯した故意犯としての殺人事件です。近年の少年による重大事件の増加を背景として18・19歳は「特定少年」として少年法の対象とするものの検察官送致後は20歳以上の者と同様に扱われるようになり17歳以下とは異なる扱いとなりました。また特定少年の場合の原則検察官送致の場合に死刑，無期又は短期１年以上の懲役・禁錮にあたる罪が追加されました。従来，20歳未満の場合には実名報道が禁止されていましたが，改正により特定少年の実名報道が解禁されました。

4 司法権の意味と範囲

　裁判所に属している権限が司法権です。司法権とは，①当事者間に具体的な事件について，争いごとがあり，②当事者から裁判に訴えがある場合に，③一定の裁判手続きによって，④正当性のある法律の適用により，争いごとを裁定する国家作用，をいいます。戦前の明治憲法のもとでは，民事事件と刑事事件のみが司法権の対象で，行政事件は特別裁判所である行政裁判所が担当していました。この制度のもとでは，市民と行政の争いは，行政権の範囲であり，国民（臣民）の人権保障は弱いものとなっていました。これに対して，日本国憲法のもとでは，司法権は強化され，行政事件も司法権の対象とすることにより人権保障を強化しています。

　裁判に関する基本法である裁判所法では，裁判所の権限として，「一切の法律上の争訟」と明記しています。この「法律上の争訟」の意味は，(a) 自己の具体的な人権や権利関係に関する訴訟であり，(b) 裁判所が法律を適用することにより最終的に解決できること，といわれています。

　裁判を求めることができる要件（法律上の争訟の要件）を詳しくみてみましょう。

　(a)　**具体的事件が発生していること**　　支援者が利用者から裁判の相談を受けた場合，利用者に具体的な人権や権利利益の侵害行為が発生していない場合には，裁判を提訴することはできないことを知らせる必要があります。なぜならば，みだりに裁判をおこすと，本来，人権保障にとって必要な裁判が遅延し，裁判所の人権保障機能が弱体化するからです。具体的には，なにも事件が発生していないのに，自衛隊の存在について憲法9条違反を裁判所に訴えることはできません。また，後期高齢者医療制度について具体的な不利益を受けていない利用者が制度の廃止を求めて提訴することもできません。

　ただし，この例外として，国や地方公共団体の法律に適合しない行為の是正を求めて裁判を求める民衆訴訟というのがあります。これは，個人の人権・権

利利益の救済を目的としているものではなく，行政機関の行為が法律に合致するように求める裁判です。あくまで，司法権の例外なので，法律にとくに規定がある場合にしか認められません。具体的には，公職選挙法上の選挙無効や当選無効に関すること，地方自治法上の住民訴訟などがあります。

　(b)　**法律により解決が可能であること**　　裁判所は，法律による解決可能性のない争いごとには介入できません。具体的には，学問上の優越，技術上の優越，宗教上の問題などです。

　板まんだら事件は，宗教団体の会員がご本尊の真贋（しんがん）を問題として，寄付金の返還を求めた裁判です。裁判所は，「信仰の対象の価値又は宗教上の教義に関する判断が訴訟の趨勢を左右する前提問題となり，訴訟の争点及び当事者の主張立証の核心となっているときには，その訴訟は『法律上の争訟』にあたらない」と判断し，判断を回避しました。

【事例】

　高齢者施設において，認知症の緩和には日頃親しんだ物を利用者の側に置いておくことが有効であるとの研究報告が出されています。この研究を採用したＳ特別養護老人ホームは，利用者のいわゆる宝物の持込を推奨しています。ある日，介護職員のＡの不注意で利用者Ｂの部屋に掛けてある狩野某の掛け軸（Ｂの話による）を損傷してしまいました。Ｂは，「本物で時価1000万円だ」と主張して裁判で損害賠償を求めるといっています。

　この場合，骨董品の鑑定は，法律による解決可能性がありませんから，原則として裁判所に真贋や価格の判断を求めることはできません。しかし，不法行為に基づく損害賠償が発生する可能性はあります。施設としては，入所について寄託契約をして預り，高価な物はリスク回避の観点から利用者の身の回りに置かない配慮が必要です。

5　司法権の限界

　⑴　**自由裁量行為**（何が行政目的又は公益に適するかの判断）　　福祉の分野で，たとえば生活保護のレベル向上を求めて裁判所に訴えようとするとき，国

会や内閣にどの程度のレベルが公益に適しているかの判断を委ねている（自由裁量）場合には，原則として，裁判所は審判をすることができません。なぜならば，裁判所には，この問題を解決するにあたり，生活保護の現状や地域の実情に通じていないので，行政目的や公益の適合性判断は第一次的には専門家に委ねるのが国民の利益に適うと考えているからです。いわば，「餅は餅屋に」の発想です。

　ただし，例外的に裁量の範囲を著しく逸脱，あるいは濫用した場合，具体的には，生活保護の基準が国民の健康で文化的な最低限度の生活を著しく下回っている場合などは，裁判所の審判の対象になります。なぜなら，裁量権の逸脱や濫用から発生する国民の人権侵害の救済は，裁判所の本来の任務だからです。

　(2)　**部分社会**（**社会を構成するさまざまな組織・集団**）　　福祉施設内部の規則・事項について，施設と職員間，あるいは施設と利用者間で問題となったときは，常に裁判所が審判できるわけではありません。私たちの社会には，さまざまな価値観をもって活動している集団が数多くあり，この多様性が私たちの社会の自由を支えているのです。そこで，裁判所はこのような集団の多様性を尊重し，紛争が純粋に内部事項である場合には司法審査を控えます。これを「部分社会の法理」といいます。

　たとえば，施設職員の勤務評価が問題となる場合を考えてみましょう。この場合，施設内は一般社会とは異なる部分社会ですから，勤務の評価は純然たる施設の問題として，施設の自主的な判断に委ねることが，集団の多様性を維持するには好ましいのです。しかし，通常の職務を行ったにもかかわらず，勤務評価が雇用の打ち切りなど，一般市民として有する労働基本権や生存権を害された場合には司法審査の対象になります。

　富山大学単位不認定事件は，大学という部分社会のなかで，単位の不認定が裁判所の審査対象になるか，争われた事件です。裁判所は，「大学は，一般市民社会とは異なる特殊な部分社会を形成しているから，単位認定行為のような内部問題は，一般市民法秩序と直接の関係を有することを是認するに足る特殊

の事情がない限り司法審査の対象とはならない」と判断しました。

6　違憲審査権

(1)　**違憲審査権の意義と根拠**　　私たちの人権が法律や国家の行為（行政行為）により侵害されたとき，裁判所により人権が救済されることを述べてきました。このとき，人権侵害に関する法律や行政行為が憲法に違反していないかを裁判所が判断する権限を違憲審査権といいます。そして，最高裁判所の系列に属する裁判所はすべてこの権限をもっています。

　違憲審査権が，裁判所に認められるのは通常，①最高法規性を守るため，②人権救済のため，③権力分立の手段として，ということを根拠としています。

(2)　**違憲審査権の法的性格**　　違憲審査権は，具体的な事件と関係なく行使することはできません。これを付随的審査制（具体的審査制）といいます。これと反対に，具体的事件がなくても違憲審査権を行使できる制度を抽象的審査制といいますが，日本の裁判所ではこの制度は採用されていません。なぜならば，違憲審査権は憲法81条で，司法権の1つの権限として規定されており，司法権とは，すでに述べたように，具体的な事件の発生を要件とし，これを欠く場合には司法審査を行わないからです。また，日本国憲法の制定の際に模範としたアメリカの憲法では，違憲審査の前提として具体的事件性を求めていることも付随的審査制と考える根拠となっています。なお，具体的な事件で裁判所が法律を違憲と判示した場合には，通説では当該事件に限り，法律の適用が排除されると考えます。

　警察予備隊違憲訴訟は，警察予備隊（自衛隊の前身）が，憲法9条に反していることの確認を求めた事件です。裁判所は，「司法権を発動するためには具体的な争訟事件が提起されることを必要とする。我が裁判所は具体的な争訟事件が提起されないのに将来を予想して憲法の解釈に対し存在する抽象的な判断を下すごとき権限を行い得るものではない」と判断し，付随的審査制を明確にしました。

知識チェックポイント 8

正しい選択肢には○，誤りには×をつけなさい。

1 ☐ 裁判所は，国会や内閣と同じように多数決を重視するということが，国民の人権を守るのに適した考え方である。

2 ☐ 利用者に関係する福祉関係の法律について，支援者は絶対的な遵守をすることが求められる。

3 ☐ 少年犯罪について，刑法と少年法の双方に規定が置かれている場合，法適用の原則として「特別法が一般法に優先する」という原則から，少年法を優先適用する。

4 ☐ 少年法の目的は，少年の教育および健全な成長のための環境の整備にある。

5 ☐ 刑法は，14歳に満たない者の行為は処罰しないので，支援者は触法少年の支援のためアウトリーチを行うことは人権上好ましくない。

6 ☐ 保護司の職務上のあり方として，犯罪者を受容しつつ，罪に対する問題点をともに考える姿勢が必要である。

7 ☐ 家庭裁判所は，戦後まもなく，家事事件の審判と調停および少年事件の調査・審判を行う裁判所として設置された。

8 ☐ 後期高齢者医療制度が憲法違反であると考える前期高齢者の国民が，後期高齢者医療制度が違憲であるとの確認を求めて出訴できる。

9 ☐ 施設利用者家族会から退会勧告を受けた家族は，その不当性を裁判所に訴えることができる。

10 ☐ 近年の凶悪な少年事件の発生から，少年法は厳罰化の方向で改正された。

（解答と説明は144〜145頁）

❾　行政に関する人権救済

キーワード

行政　　行政行為　　行政庁　　行政不服申立て　　行政事件訴訟　　損失補償
国家賠償

　私たちは社会のなかで毎日の生活をしています。その際，道路建設，上下水
道の敷設，病院の建設，学校建設など行政機関とさまざまな形で関係をもってい
ます。社会福祉分野では，生活保護の受給・年金受給・失業対策・児童手当・
医療制度など，これまた数えればきりがありません。このような行政との関係
は，私たちの安全で快適な生活を維持していくうえで欠かすことができません。

　しかし，行政はときとして，私たちの人権を侵害する場合も少なくありませ
ん。具体的には，予防接種に伴う事故，道路建設のための土地の収用，年金や
税金の誤った徴収，生活保護の不適切な給付や生活保護の誤った取消し，福祉
施設認可の誤った取消しなど，枚挙に暇がありません。そこで，行政のさまざ
まな作用から私たちの人権を守る手段として行政法の知識が必要となるので
す。行政法は，憲法や民法のように単一の法典ではなく行政に関する法令の集
合体です。行政法学では学問上行政組織法，行政作用法，行政救済法に分類し
ています。

1　行政法の基礎知識

　(1)　**行政の意味**　　私たちは，「行政」という言葉を日頃よく耳にします。
しかし，「行政とは，何ですか？」と問われると戸惑ってしまいます。よく使
われるたとえですが，行政は，宇宙開発からごみ集めまでさまざまな分野を含

んでいます。そこで，一義的に定義をしてしまうと漏れがでてきます。ここから，多岐にわたる行政の範囲を網羅し，遺漏を防ぐ目的から行政について「行政とは，国家のすべての作用から，立法と司法を除いたもの」という定義がなされています。これを控除説とか消極説といい，通説となっています。

　しかし，これでは具体的なイメージがわきません。そこで，なんとか積極的な定義をしようとするものがあります。一例として，有力な行政法学者は「法の下に法の規制を受けながら，現実具体的に国家目的の積極的実現をめざして行われる全体として統一性をもった継続的な形成的国家活動」と定義していますが，行政のすべての特色を網羅することができないばかりか，抽象的で難しい内容となり，一般的な支持を受けていません。

　(2)　**行政行為の意味**　　私たちの社会は，市民同士が対等な関係にあります。たとえば，高齢者施設を利用する場合，利用者とサービス提供者である施設は対等な関係で契約を締結します。ここでは，利用者は自己決定権に基づいて，思い通りの施設とサービスを選択します。サービス提供について利用者が嫌ならばいつでも断ることができます。また，サービスを提供する側も利用者のニーズに応じられない場合には断ることができます。

　しかし，行政と市民との関係では，対等な合意を理想としながらも市民同士の関係と同様にはいきません。なぜならば，行政には公益の実現という目的があり，同意がないことにより行政作用を行わなければ，市民生活は支障をきたすおそれがあるからです。具体的には，道路建設を行うとき，土地所有者が頑として首を縦に振らず，土地の取得ができなかったとしましょう。このとき，市民社会のルール通りに合意がないことを理由として土地の収用をあきらめれば，道路は建設できず，結果として市民の日常生活に支障をきたすおそれがあります。税金の徴収も同様です。ここから市民社会とは異なる，国家権力を背景とする強い力が必要となるのです。これが「行政行為」です。この分野に関係する行政法を行政作用法といいます。

　行政行為とは，通説に従えば，「行政庁が，行政目的を実現するために，法律によって認められた権能に基づいて，一方的に国民の権利義務その他の法的

地位を具体的に決定する行為」をいいます。生活保護を例にとれば、「市長が、要保護者の健康で文化的な最低限度の生活を保障し、自立を実現するために、生活保護法によって認められた権限（生活保護法19条）で、市長の側から一方的に、要保護者の生活保護費の給付を具体的に決定する」ということです。

(3) 行政行為の種類　　行政行為は、いろいろな概念を含んでいます。ここでは、福祉従事者に必要と思われる範囲で説明します。

図表11　行政行為の内容による分類

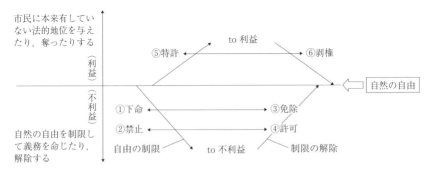

金子武史『図解よくわかる行政法のしくみ』学陽書房，2005年を参考にしている。

① 　下命：国民に作為義務（「〜しろ」という義務）を課す行為をいいます。ホームレスの違法建築物の除去を命令したり、国民に租税を賦課したりすることがこれにあたります。

② 　禁止：国民に不作為義務（「〜するな」という義務）を課す行為をいいます。営業の停止や道路の通行禁止などがこれにあたります。

③ 　許可：法令により禁止されていることを特定の場合に解除する行為をいいます。具体的には、自動車の運転免許や飲食店の営業許可などがこれにあたります。

④ 　免除：法令により課されている作為義務を解除する行為をいいます。具体的には、学齢児童の就学免除や予防接種の免除などがこれにあたります。

⑤ 　特許：一般人とはちがう特定の人のため、法律上新たな権利や地位を与

える行為をいいます。河川の占用許可，公有水面の埋め立て免許などがこれにあたります。

⑥　認可：たとえば農業従事者が農地の所有者から農地を買う場合，農業従事者と農地所有者の売買の合意のほかに農業委員会が売買行為を補充して，契約を完成させるような場合をいいます。法律上は，「第三者の契約（ここでは，農業従事者と農地所有者との間の契約のこと）を補充して，法律行為（契約）を完成させる行為」とされています。法律上は，「認可」と「許可」の区別はされていないので，時々混乱しますが，これは学問上，このように分類しているのです。

(4)　**行政庁**　　行政庁とは，自分の名前で行政作用に関する意思を外部に表示することができる（たとえば，税金を賦課するとか，営業を認めるなど）行政機関をいいます。行政庁が誰かは，行政処分の内容により異なります。たとえば，市民税の賦課の場合には，行政庁は市長ですし，レストランの営業許可の場合には，保健所長です。また，生活保護の場合には，都道府県知事，市長，および社会福祉法に規定する福祉に関する事務所を管理する町村長が生活保護を決定するという意思を外部に表示しているので行政庁になります。

2　行政救済法の体系

　私たちの人権が，行政の行為により侵害されたとき，たとえば，生活保護の要保護者の保護の申請が却下された場合など，私たちの人権を救済する法令が行政救済法です。行政法は多数の法令で構成され複雑です。支援者は利用者の人権が行政により侵害された場合，利用者の人権や権利・利益を擁護するためどのような法令をどのように使うかを体系的に知る必要があります。

(1)　**金銭補塡による賠償方法　損失補償と国家賠償**　　まず，行政行為などの国家作用により人権侵害が発生した場合，金銭を手段として損害を補塡することにより人権侵害を回復する手段があります。これを国家補償といいます。国家補償には，第1に，国家の法律にのっとった正当な行為により国民の人権

図表12　行政不服申立てと行政事件訴訟

	行政不服申立て	行政事件訴訟
審理機関	行政機関	裁判所
制度目的	・国民の権利・利益の救済 ・行政の適切な運営	・国民の権利・利益の救済
審理の対象	①適法か違法かの法律判断 ②公益に合致しているかの適当か不適当 　かの判断	（原則）適法か違法かの法律判断 （例外）行政庁の裁量権の踰越や濫用があ 　　　　る場合にのみ公益に適合している 　　　　かを判断する
特色	・簡易・迅速な手続き ・問題となる行政作用の合憲・違憲の憲 　法判断はできない	・慎重・公正な手続き ・問題となる行政作用の合憲・違憲の憲法 　判断はできる

を侵害した場合の補填方法として「損失補償」があります。具体的には，道路を建設するために住民の土地を収用した場合です。この行為は，土地収用法に基づいていますから国家の行為には正当性が認められますが，私たちの土地を収用しているので財産権（憲法29条）を侵害しています。損失補償は，憲法29条を根拠としています。第2に，国家の法律に反する行為により，国民の人権を侵害した場合の金銭補填の制度として「国家賠償」があります。具体的には，公務員の誤った調査により生活保護を取り消して要保護者に経済的損失を与えたり，地方公共団体が運営する福祉施設で介護事故を発生させた場合などです。

　なお，損失補償は関係する法律の条文のなかに個別に規定されているため，「損失補償法」という法律はありません。一方，国家賠償については，1つの法律にまとめた「国家賠償法」というものがあります。

　(2)　**国民の人権侵害原因を除く方法**　　私たちの人権が行政機関により侵害された場合，経済的な補填だけでは再度人権侵害が発生する危険性があります。そこで，原因行為を取り除く必要がでてきます。これを行政上の争訟といいます。行政上の争訟には2つの制度があります。第1は，行政庁に原因除去が求められる「行政不服申立て」です。この手続きを規定しているのが行政不服審査法です。第2は，裁判所に原因除去が求められる「行政事件訴訟」です。この手続きを規定しているのが行政事件訴訟法です（**図表12**を参照）。

図表13　行政不服申立ての過程

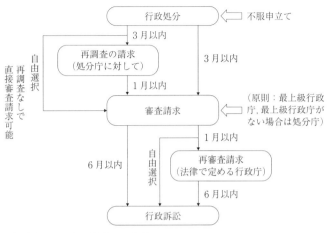

（政府広報オンラインを参考にして作成）

(3)　行政不服申立てに必要な用語

【 事例 】

　A市に住むBはA市の市長であるCのBに対する生活保護の決定内容に不服があったので行政不服申立てをしたいと考えています。

　2014年に改正された行政不服審査法では，不服申立てについては審査請求・再調査請求・再審査請求を規定し，審査請求を原則としています。ただし，個別法に特別の規定がある場合に限り，審査請求の前に行政行為などの処分をした行政庁（処分庁といいます）に再調査請求をすることができます。また，審査請求の裁決（審査した行政庁の回答）後に当該個別法に定める行政庁に対して再審査請求をすることができます。不服申立てが要件（必要な条件）を欠いているので審査しない，いわゆる門前払いの判断を却下裁決といいます。審理をしたうえで，不服を申立てた人の言い分に理由がないとして斥ける判断を棄却裁決といいます。裁決で処分が違法または不当であるものの，審査請求自体を棄却する判断を事情判決といいます。不服申立てに理由があるとして認める判断

図表14　審査請求の過程

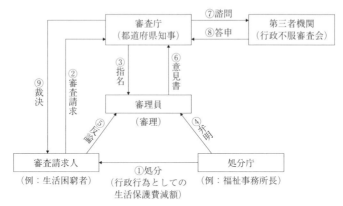

（横浜市のホームページの図表を参考に作成）

図表15　行政救済の過程

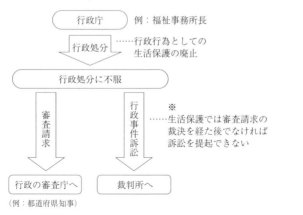

（神奈川県ホームページを参考に作成）

図表16　行政救済法とは

を認容裁決といいます。再審査の請求に対する判断を決定といいます。

　この事例で生活保護の内容を決定した市長Ｃを処分庁といい，審査請求先の都道府県知事を審査庁といいます。審査庁の裁決に不服がある場合は，再審査請求を行うことができます。この場合，再審査庁は厚生労働大臣となります。

　行政不服申立てについては，行政不服審査法が一般法として，手続きを規定しています。一方で，生活保護法にも行政不服申立てについて規定があります。このような場合，生活保護法の行政不服申立ての規定を特別法の規定といい，「特別法は一般法に優先する」という法の一般原則により，生活保護法の規定を行政不服審査法に優先して適用します。

3 国 家 賠 償

　⑴　**国家賠償の歴史**　　私たちは行政と密接な関係のなかで生活している以上，ときとして行政による人権侵害が発生することがあります。とくに，現代国家は行政サービスが私たちの日常生活に深く入り込み，行政権の範囲が拡大化しています。そこで，私たちの人権が行政機関により侵害された場合にその補填をする制度が必要となります。これが国家賠償です。

　明治憲法の時代（1889年から1947年まで）は，国家賠償法はありませんでした。明治憲法では，「天皇ハ神聖ニシテ侵スベカラズ」（明治憲法3条）と規定し，「天皇ハ統治権ヲ総攬シ」となっていたので，国家の威信にかかわる国家賠償は認められませんでした。たとえば，陸軍の火薬製造所が爆発しても国の賠償責任は認められませんでした。しかし，例外的に，学校事故のように権力作用とは関係が強くない場合には，行政の賠償責任を認めることがありました。

　これに対して，日本国憲法は，「何人も，公務員の不法行為により，損害を受けたときは，法律の定めるところにより，国又は公共団体に，その賠償を求めることができる」と規定し，国家賠償を認めています。この規定を具体化したのが，国家賠償法です。

　⑵　**国家賠償が認められるための条件**　　私たちの人権が，公務員の不法行

為により侵害された場合，以下の要件を満たした場合には，国家賠償が認められます。

　(a)　「公権力の行使」にあたる「公務員」の行為であること　　まず，公務員の範囲は，国家公務員法や地方公務員法に基づく公務員だけではなく，国や地方公共団体から委任を受けた民間人も国家賠償法にいう公務員に該当します。たとえば，市から定期健康診断の委託を受けた民間の医師とか，裁判所から委任を受けた民間人の調停委員などがこれに含まれます。「公権力の行使に当たる」の範囲については，裁判例では行政の権力作用だけでなく，教育活動や行政指導など権力をともなわない行政作用も含まれると考えています。ですから，市町村から委任を受けて運営している地域包括支援センターの職員が住民の人権や権利・利益を侵害した場合は，この要件を満たします。

　知っておきたい裁判例として，以下のものがあります。

① 　公立中学校の課外クラブの課外活動中の事故は，教諭に監督責任があります。

② 　都道府県が児童福祉法27条1項3号に基づいて要保護児童を社会福祉法人の設置運営する児童養護施設に入所させた場合，その児童に対する当該施設の職員等による養育監護行為は「公権力の行使」にあたる「公務員」の行為です。

　(b)　公務員が「その職務を行うについて」国民・住民に損害を与えたものであること　たとえば，市から委任をうけた社会福祉協議会の車両を職員が職務時間以外に使用し，通行人に怪我を負わせた場合や市町村から委任されている地域包括センターの職員が勤務時間外にその地域包括センターの名札を付けて利用者宅において窃盗行為をしたような場合など，「その職務を行うについて」に該当するかが問題となります。

　これについて，裁判例では非番の警察官が制服・制帽を着用して窃盗をした事件で，職務の外観で判断するという立場をとっています。この考え方を上記の事例にあてはめると，一般人の判断からして外形上「その職務を行うについて」の要件を満たすことになります。

(c) **公務員に「故意または過失」があること**　　故意とは「わざと」，過失とは「うっかりと」のことです。うっかりと人権侵害をした公務員が複数いて，誰が直接の加害行為者なのかが不明な場合，裁判例では，ミスが誰によってなされたのかを特定できなくても，「一連の行為と被害発生との間に因果関係が認められれば，国または公共団体は損害賠償責任を免れない」と判断しています。

(d) **違法に損害を加えたこと**　　違法の意味には明文の法規に違反する行為はもとより，基本的人権の侵害行為や行政権限の濫用行為，信義誠実違反，公序良俗（公の秩序善良な風俗）違反など法規全般を支配する原則を遵守しないことも含まれます。

4　損失補償

(1) **損失補償制度の趣旨**　　損失補償は，公共事業を行うために土地を収用したり（公用収用），土地利用を制限するような場合（公用制限），土地をもっている人は，無償でこのような行為を受忍すると財産権が侵害され（経済的自由の侵害），また特別の犠牲を強いられることから平等権も侵害されます。そこで，行政機関が法律にのっとり権力を行使したにもかかわらず，生じた財産上の特別の犠牲に対して，損失の公平な負担という見地からこれを調整するための財産的保障制度として損失補償がつくられています。損失補償は，社会のために個人の財産権は制約されるという公益保障とその犠牲に対しては経済的補填が必要であるという私益保障の調和により社会の安定をめざしています。なお，損失補償については，個別の法律に規定がない場合には裁判例によると，憲法29条3項の「私有財産は，正当な補償の下に，これを公共のために用ひることができる」という文言を直接の根拠として損失補償を求めることができます。

(2) **損失補償の問題点**

(a) **特別の犠牲の意味**　　損失補償には，特別の犠牲が必要です。租税は一般的に賦課されていますから，特別の犠牲にはなりません。また裁判例は，建築制限やため池の堤とうの利用制限は特別の犠牲にならないとしています。通

図表17　損失補償制度

	財産権	身体・生命の権利	
法律に反する行為による人権侵害	国家賠償の対象	国家賠償の対象	
法律にのっとった行為による人権侵害	損失補償の対象	国家賠償・損失補償の対象外（予防接種事故）	法律で対応（刑事補償法など）

説は，「特別の犠牲」の判断基準として，①侵害行為の対象が一般的か特定的か，②侵害行為の態様が財産権の本質的内容を侵すほど強度なものか総合的に判断して決めるとしています。

　(b)　**正当な補償の意味**　　「正当な補償」の意味については，①発生した損失の完全な補償を求める考え方（完全補償説）と，②制限の目的や必要性などから総合的に考え，妥当な範囲での保障で足りるとする考え方（相当補償説）があります。裁判例では，土地収用法に基づく収用の場合には，完全な補償，農地改革の場合には，相当な補償としていることから，原則として「完全な補償」が必要とされ，例外として「相当な補償」で足りると考えられます。

　(3)　**予防接種事故について**　　　行政機関が私たちの人権を侵害した場合，法律に反する行為には，国家賠償が適用されます。法律にのっとった行為の場合には損失補償が適用されます。ところで，予防接種事故は，このすきまにあり，その救済方法が問題となります。少し問題が複雑なので図表で説明します（**図表17**を参照）。

　予防接種は，悪魔の選択とも呼ばれ，担当者の過失がなくても薬の接種により誰かの生命や身体への侵害が発生します。法律により対応が規定されている場合には，法律で対応するのですが，法律がない場合には，すきまが生じ被害者は救済されません。そこで，何らかの救済方法が問題となります。

　東京地裁判決（東京地判昭和59年5月18日）では，「生命・身体に対し特別の犠牲が課せられた場合においても，憲法29条3項を類推適用し，かかる犠牲を強いられた者は，直接憲法29条3項に基づき，国に対して正当な補償を請求することができる」と判断しました。

　これに対して，東京高裁判決（東京高判平成4年12月18日）は，「予防接種被害は生命・健康という法によっても侵害することの許されない法益に関わるものだから，財産権に対する適法な侵害に関する補償を定めた憲法29条3項を根拠に損失補償請求はできない」としたうえで，厚生大臣（現厚生労働大臣）の過失を認定し，国家賠償で救済を図ろうとしています。これは，国民の生命という最も大切な利益を財産権の補填を目的とする損失補償ですることは，個人の尊厳保障の観点から好ましくないこと，および国家賠償として救済を図るほうが国民の人権保障がより確実になるという配慮が働いたものと考えられます。

（知識チェックポイント9）

正しい選択肢には○，誤りには×をつけなさい。

1 □ 社会福祉士は，行政は私たちの人権を守る働きがある反面，過度な生活への介入は人権の本質である自由を損なう危険があることを認識する必要がある。

2 □ 行政行為とは，行政庁が国民の権利・義務を一方的に決定する行為をいい，行政目的を達成するためにつくられたので強い権限をもつ。

3 □ 福祉行政において，社会福祉主事が行政庁，民生委員は補助機関である。

4 □ 生活保護に関して福祉事務所長が行った受給取消し処分について，処分を行った福祉事務所長に不服申立てを行うことを審査請求という。

5 □ 福祉事務所長が行った利用者への生活保護の取消し処分について，支援者は迅速な対応を求めるためには裁判所に出訴することが望ましい。

6 □ 介護保険法では，利用者の保険給付に関する行政庁の処分の取消しの訴えは，当該処分についての審査請求に対する裁決を経た後でなければ提起することができない。

7 □ 町立の福祉施設で職員の過失により生じた利用者の骨折事故が発生したとき，利用者は，当該町に対して損失補償を求めることができる。

8 □ 生活保護の変更決定により損害を被った利用者から相談を受けた支援者は，国家賠償訴訟を社会福祉事務所長個人に対して行うようにアドバイスするのは妥当である。

9 □ 生活保護に関して福祉事務所長が行った処分については，都道府県知事に対して審査請求を行うことができる。

10 ☐ 児童福祉法，身体障害者福祉法には，生活保護法と異なり，行政庁に対する不服申立てに関する規定がないが，それらの法に基づく処分については，行政不服審査法による不服申立てを行うことができる。

（解答と説明は145頁参照）

III

福祉現場における人権保障の課題

⑩　社会福祉援助技術と人権

キーワード

個人の尊厳　　ノーマライゼーション　　インクルージョン　　社会連帯の思想
民主主義の擁護　　傾聴　　ラポールの形成　　ケースワークの原則と人権
言葉と人権　　アドボカシー（権利擁護）　　セルフ・アドボカシー　　認知症
終末ケア　　ホスピスケア　　知る権利

1　ケースワークの基本原理を支える思想

　ケースワークの基本原理は，「個人の尊厳」（憲法13条）に求めることができます。福祉の領域では，「個人の尊重」，「人間の尊厳」，あるいは「人間の尊重」と類似の概念が用いられていますが，内容としては「個人の尊厳」と同じです。

　個人の尊厳を具体化した思想の1つ目に，「ノーマライゼーション」があります。ノーマライゼーションとは，障害をもつ人や高齢者など社会的に弱い立場にある人が，差別されることなく社会の一員として社会参加できる途を保障する考え方をいいます。これは，デンマークの障がい児をもつ親の会が提唱し，世界に広がったものです。この思想を裏付ける人権が法の下の平等（平等権）です。ノーマライゼーションを強化した考え方として，近年，社会は当然に社会的弱者を取り込んで成立していると考えるインクルージョンの思想が広がっています。日本国憲法には，「人種・信条・性別・社会的身分・門地により，政治的，経済的，社会的関係において差別されない」（憲法14条）と規定されていますが，障害による差別禁止は規定されていません。しかし，憲法のこの規定は，過去の歴史のなかでとくに著しい差別があった事項を例として規定

しているのであり，差別禁止がこれだけに限定される意味ではありません。とくに，ノーマライゼーションやインクルージョンが提唱されている現代社会においては，障害や高齢による差別は当然の禁止事項と考えられます。

　2つ目に，個人の尊厳は，「社会連帯の思想」に基づいています。社会連帯の思想とは，社会的に弱い立場の人の人権は，社会全体で守ろうという思想です。私たちの社会のなかには健康で富に恵まれている人がいる反面，病弱で貧しい人がいます。また，若くて他人の支援が不要な人がいる反面，高齢で他人の支援がなければ生きていけない人もいます。しかし，社会的に強い立場にある人が未来永劫同じ立場を維持できるわけではなく，社会的に弱い立場になることもあります。たとえば，若くて健康な人であってもいつかは高齢になることは必然です。また，病気や障害により富と名声に恵まれていた人も生活が困窮することがあります。このように「社会的強者」と「社会的弱者」の立場の交代可能性は，人間である以上，避けて通ることはできないのです。そこで，私たちがどのような危機に遭遇しても人間に値する生活を維持するためには，社会的に弱い立場の人の人権保障と支援の確保が必要となるのです。ここから，社会的弱者は社会全体で支えようと考える「社会連帯の思想」がでてくるのです。そこで，支援者（援助者）は，自分もいつの日か同じ立場になることを理解したうえで，自分がその立場になったなら何を求め，何に傷つくかを利用者の目線で考え，支援する必要があります。

　3つ目に，個人の尊厳は，「民主主義の擁護」に基づいています。民主主義とは，国民誰もが政治参加する途が保障される考え方をいいます。私たちは，社会の一員として生活しています。そこで，私たちは，私たちの社会の進むべき姿に対して意見を述べ，社会の形成に参加できてこそ「個人の尊厳」が保障されるのです。ところが，社会福祉援助が必要な利用者は，身体的制約や社会の偏見などにより社会参加の途が閉ざされています。ここから，ケースワークにおいては，利用者が社会参加できるよう支援者が積極的にかかわる「民主主義の擁護」が求められるのです。また，参加は社会に対してばかりではありません。利用者が直面している問題についても同様です。貧困，障害，虐待，薬

物中毒，アルコール中毒など，自らが主体的に問題解決に参加しなければいくら援助者が利用者の問題を解決しようとしても，同様の問題が発生したとき利用者は戸惑うばかりです。そこで，援助者は利用者の主体性を尊重し，問題解決に主体的に参加させるようにしなければなりません（参加の原則）。

2　社会福祉援助技術の基本原則と人権

　支援者と利用者の関係において，最も重要なことは，ラポールの形成（相互的基本信頼関係の構築）です。信頼関係を構築するうえにおいて最も重要なことは，支援者による利用者の人権尊重意識の高揚です。

　社会福祉学ではバイステックのケースワークの7原則（個別化の原則，自己決定の原則，受容の原則，非審判的態度の原則，秘密保持の原則，統制された情緒関与の原則，意図的な感情表現の原則）が用いられることが少なくありません。しかし，人権の理解がないままこの原則を適用したのでは，ケースワークの本質である利用者個人の尊厳保障の目的が十分に達成できるとはいえません。そこでここでは，重要な原則と人権の関係を説明します。

　(1)　**個別化の原則と人権**　　私たちは，1人ひとりかけがえのない存在です。人には，その人独自の人生と生活環境が背景にあります。また，能力においても個人個人で異なります。そこで，援助を行うについては，1人ひとりの能力や自立の程度などを考慮して行うことが，個人の尊厳につながります。これが，「個別化の原則」（クライエントを個人としてとらえる）です。具体的な人権尊重として，①利用者をステレオタイプ化しない，②利用者の歩んできた人生を尊重し，利用者の人生観を侵害しない，③支援者は1つの価値観で他人と比較し，利用者を否定的に判断しない，④家制度からの解放，⑤個人を国家・社会の犠牲としない，⑥「男だから」とか「女のくせに」など，一般社会の性別による固定的な価値観を押し付けない，などが必要です。福祉施設において，「人手が足りないのでネグレクトをした」とか，「家族が身体拘束を認めたので」，「○○地区の連中は面倒な高齢者が多い」，「あのオカマの爺が」などと

いうのは，個別化の原則に反します。

(2) **自己決定の原則と人権**　次に，1人ひとりの幸せを考えてみましょう。みなさんは幸せについていろいろなことを考えるでしょうが，共通していえることは，「自分の思い通りに物事を成し遂げること」こそが，幸せの源であるということです。とすれば，利用者の思いを尊重することが個人の尊厳につながります。また，個人の尊厳の中核は，誰にも干渉や邪魔をされないこと，いい換えれば自己決定の自由です。ここから，利用者の思い通りの考えを尊重する「自己決定の原則」（クライエントの自己決定を促して尊重する）がでてくるのです。そのためには，支援者は，利用者が自己決定できる環境をつくることが必要です。

たとえば，福祉施設を選択するときは，資料を揃える，施設の食事について数種類を用意する，リクリエーションを数種類用意するなどです。また，自己決定が十分にできない者については，フォーマルな制度あるいはインフォーマルな制度で補うことが必要です。具体的には，前者では，民法の代理権の活用，成年後見制度の活用などがあり，後者においては，ボランティアや地域住民による助け合いなどがあります。

また，利用者の価値観を否定することは，自己決定を損ないます。たとえば，「こんな派手な色は年寄りには，合わない」とか，「認知症だから色なんかわかりっこない」などというのは，自己決定権や自己決定の原則に反します。

では，利用者が安楽死や尊厳死あるいは，自殺を望んだ場合は，支援者はどうするのが人権の尊重になるのでしょうか。また，どのような支援をすべきでしょうか。

自分の命は自分のものである以上，自殺は自己決定権の範囲と考えられます。しかし，自殺は，単純に赤い服，青い服どちらの選択にしようかというような完全な私的領域の問題ではなく，家族や社会を含む問題となり，自己決定権が想定する私的領域を超えています。また，安易に自殺を利用者の自己決定権として認めると，支援者は自殺幇助，教唆など刑法犯としての扱いを受ける危険性があります。それゆえ，利用者が自らの命を絶つ自殺，安楽死，尊厳死

については，自己決定の原則から除外し，尊厳を保ちながら利用者の生命維持を心がけるべきです。また，支援者は，今日生きている喜びをともに共感できるような支援の手段を考えるべきでしょう。

　なお，介護において，「利用者本位の援助」というのは，この自己決定権を最大限尊重し，利用者の自立をめざす援助のことをいいます。

　(3)　**受容の原則と人権**　　利用者の幸せの実現の手段として，自由な行動や感情の表出があります。この表出が保障されることによって利用者は，自分の思い通りの人格や人生を形成できるのです。これを利用者の「自己実現」といいます。利用者の表現の自由は，憲法21条で保障されています。援助者は利用者の表現の自由を理解して，原則としてこれをあるがままに受け入れることが信頼関係の形成には必要になります。これを「受容の原則」といいます。

　ただし，利用者の行為のなかには，他人を傷つけたり，他人の人権や権利・利益を侵害するものもあります。権利の濫用は，人権保障の範囲外であり，私たちが社会で共生する以上，厳に慎むべきです。ですから支援者は，利用者の行動について，客観的な行動規範・基準を示すべきです。また，非審判的態度の原則と関係するのですが，審判をするのは利用者の反社会的な行為であって，人格自体への批判をしてはなりません。なぜならば，利用者の自信とエンパワメントを喪失させてしまい，支援者と利用者の間の信頼関係を損なうからです。

　しかし，支援者は利用者の擁護者として，「どうしてこうなったのだろう」と常に利用者の言動や行動の背景を理解するように努め，問題解決のために利用者を受け止め，ともに歩むという姿勢を失ってはいけません。

　(4)　**意図的な感情表現の原則・非審判的態度の原則と人権**　　支援者には，利用者の自己実現を強化する手段として，利用者が積極的に表現行為ができるように援助をする必要があります（意図的な感情表現の原則）。この場合，支援者が自己の価値判断に基づいて利用者を批判したり，非難すると，社会的なストレスに弱く心理的に傷つきやすい傾向がある利用者は支援者に対して不信感をもつことが考えられます。ここから，一方的に利用者を非難や批判をするこ

とは避けなければなりません（非審判的態度の原則）。

　(5)　**秘密保持の原則と人権**　　一般的に，人間関係を損なう原因の1つに相手を信頼して話した内容が第三者に漏れることが挙げられます。私たちは，そのとき，漏らした相手方に失望し，信頼関係は崩れ去ります。とくに，支援者に対して厚い信頼を寄せ，自立した生活に不安を抱える利用者の場合，支援者の背信行為への失望は支援者の想定する場合よりもはるかに大きくなります。ここから，プライバシー権の意義を理解し，利用者の秘密情報は適切に管理し，守秘義務を徹底しなければなりません（秘密保持の原則）。とくに，利用者の支援で社会資源に属するさまざまな人たちと利用者の情報を共有し，援助を実施する場合には，利用者に情報共有の意図を説明し理解を求める必要があります。

　(6)　**統制された情緒的関与の原則と人権**　　基本的人権は，誰もが平等に享有しています。しかし，支援を行う場合には，職務の性質上，支援者の思想・良心の自由（憲法19条）または表現の自由（憲法21条）と利用者の同じ人権を対等な関係にすると，援助を必要とし，弱い立場にある利用者は自己実現をすることができなくなります。また，利用者は自らの感情表現に対して支援者の共感的な理解と適切な反応を得たいとの要望をもっていることから，支援者は自らの感情を統制して，自らの人権を抑制して利用者と対応する必要があります。これを統制された情緒的関与の原則（援助者は自分の感情を自覚して吟味する）といいます。

　(7)　**制限の原則と人権**　　その他，利用者の行為が他の利用者の人権や社会一般の人の人権との関係で制約を受けることがあります。具体的には，利用者が反社会性のある宗教団体に加入するとか，麻薬の吸引を求めるような場合です。この場合，援助者は「制限の原則」により，自己決定権を制限することができますが，人権の性質により細かな配慮が必要になります。

　たとえば，反社会的な宗教を信仰する場合，利用者の信仰に立ち入ってはいけません。なぜなら，信仰の自由は個人の内心の問題であり，利用者の頭の中にある限りにおいては，他の者の人権との間に具体的な対立は生じないからで

す。しかし，その行為が他人の人権と具体的な衝突を生じさせる危険性が出てきた場合には，制限の原則により宗教行為の自己決定を制限することができます。

3　言葉と人権

　言葉は，援助者と利用者の間の重要なコミュニケーションの手段です。援助者は，言葉で利用者を受容・共感している気持ちを伝えながら，ラポール（相互的な信頼関係）を形成し，援助目的を達成します。その際，言葉の使い方に気をつけなければ，社会福祉援助に最も重要な相互信頼関係を損ねてしまいます。そこで，言葉に対する人権の視点が必要となります。

　援助は，まず，相手に対する呼びかけからはじまります。その際，「呼称」を考えて下さい。援助の対象となる利用者に対しては常に「個人の尊厳」を意識することはいうまでもありませんが，高齢者に対しては加えて敬意を表する表現が必要です。基本的には，「〇〇さん」と呼ぶのが適切です。高齢者に対して「〇〇ちゃん」と呼ぶのは好ましくありません。利用者のなかには，このような表現を不快に感じ自分らしさが損なわれていると感じる人もいるでしょう。このような呼称が終の住まいである高齢者施設で継続的に行われていれば，高齢者の「心理的虐待」を誘発する危険性があります。

　認知症により十分な判断能力がない人に対しては，誇りを傷つけるような表現を繰り返していると認知症をより悪化させてしまうことがあります。日頃の見守りのなかで，その人がどのような色を好み，どのような環境で心が安らいでいるかなどを観察しながら，落ち着ける環境づくりを考える必要があります。また，昔から愛用している日用品を身近に置くことにより昔の自立した生活を思い出させるような環境づくりも必要です。このような配慮をしたうえで，「〇〇さん」と優しく敬意ある表現を用いることが人権に配慮した援助といえるでしょう。認知症の高齢者に援助者が自己の価値観を押し付けると高齢者のプライドを傷つける危険性があります。不潔行為を繰り返す場合は，壁に

トイレの位置を示す図を描くなどの工夫をすることも人権に配慮した対応といえます。

4 権利擁護 (アドボカシー) と人権

　私たちの身の回りで，高齢者をターゲットにした悪質な商法や財産の搾取，あるいは住宅の賃貸拒否や虐待などの事件が頻発しています。また，障がい者や女性に対する差別や暴力なども後を絶ちません。これら社会的に弱い立場にある人たちは，本来，国民ならば当然に有する基本的人権の保障が十分に実現されない結果，日常生活において個人の尊厳が脅かされるようになっています。具体的には，高齢者の財産の搾取や悪徳商法では，財産権（憲法29条）が侵害されています。また，障がい者の就職差別では法の下の平等（憲法14条）や職業選択の自由（憲法22条）が侵害されています。高齢者虐待や児童虐待では，人身の自由や表現の自由（憲法21条）が侵害され，人間の尊厳に必要な健康で最低限度の生活が維持できない場合には生存権（憲法25条）が侵害されています。ここから，社会的に弱い立場にある人の権利を代弁し，自立した個人の尊厳のある生活の実現を構築する権利擁護（アドボカシー）の制度が必要となるのです。

　また，権利擁護の手段としての表現能力が不十分な利用者のために傾聴を活用することが有効です。傾聴とは，利用者の関心事に意識的にスポットライトをあて，動作や反応などの非言語的な動き，あるいは言葉の抑揚や高低などから利用者の発するメッセージを理解する援助技術です。メリットとして，利用者の問題解決への主体的な取組みを強化できるとか，利用者と支援者の信頼関係が構築されていない支援の開始時のラポールの形成に役立つことが挙げられます。

　ところで，近年，権利擁護を頻繁に耳にするようになった背景には，2000年4月から施行された介護保険制度があります。介護保険制度の一番大きな特色は，従来の国の責任による措置制度から利用者と福祉サービス提供者（事業者）

間の契約としたことです。契約とは，申込みの意思表示と承諾の意思表示の合致により「〜になる」という法的な効果を発生させる行為をいいます。契約制度は，利用者の意思を尊重する点で，自己決定権の尊重や自己実現に役立ちます。たとえば，特別養護老人ホームを利用する場合，従来の措置制度では，行政の定めた基準でサービスの提供が行われたため，利用者はサービス業者の選択が困難でした。自分は，海が見えるところを利用して，バラエティに富んだ食事を求めてもそれを実現するのは困難でした。しかし，契約では，利用者の申込みに対するサービス提供者の承諾により福祉サービスが開始されますから，利用者の思いは実現され，個人の尊厳に役立ちます。

　ところが，この制度は十分な判断能力があることが前提です。この能力がなければ，利用者の財産権を損ない，結果として個人の尊厳を傷つけることにもなりかねません。ここから，権利擁護の１つの形態として成年後見制度や日常生活支援事業（福祉サービス利用援助事業）が創設されました。

　サービス提供内容が契約と異なる場合には，利用者の生存権や各種権利を侵害することになります。ここから，サービス内容についてのトラブルを解決する制度として苦情解決制度（社会福祉法82条）があります。また，社会福祉サービスは，利用者側が社会的に弱い立場にあることが少なくありません。このような場合，利用者が自らの表現の自由を用いて福祉サービス提供者の情報を得ることが困難です。そこで，表現の自由を弱い立場にある利用者側から構成した「知る権利」の保障が必要になります。これを具体化したものが社会福祉事業者の情報の提供（社会福祉法75条）やサービス評価です。

　なお，権利擁護のめざすところは，単に利用者が自己の権利・利益を支援者に代弁してもらうという受身の地位から，自分自身で権利主張できる主体的な地位にまでもっていくセルフ・アドボカシーです。そのためには，第１に，利用者に「あなたは，あなたらしく生きてください。あなたは，かけがえのない社会の一員ですから」とか，「あなたの頑張りが，みんなの力になっているのです」などと，利用者を評価することが大切です。ここで支援者は，人権の本質「個人の尊厳」を十分に理解しておく必要があります。第２に，「だれで

も，この権利を主張できるのですよ」と，権利意識を啓発する必要があります。このとき，支援者は，人権の視点として，法の下の平等，生存権の意義，社会的強者と社会的弱者の立場の交代可能性を認識して支援する必要があります。

5 権利擁護と援助技術

　権利擁護は，具体的には以下のケースに該当するような場合に必要となります。①認知症や障害などにより的確な判断を行うことができない。②日常生活のなかで，虐待が恒常化し，無気力状態になっている，③人権感覚が乏しく自分の権利を理解できない，④福祉サービスに関する説明を理解できない，⑤権利擁護が必要な状態でありながらサービスの受給を拒否している，⑥福祉制度の情報を得ることが困難である，⑦福祉サービスに関する評価ができない。

　このような場合に，日本では，支援者が価値観を決定し，「～してあげる」という父権的保護主義（パターナリズム）が支配していました。しかし，これでは，保護はできても個人の尊厳の本質である自己の行為は自らが決定するという「自己決定権」は損なわれます。ここから，まず，利用者本人の力を利用することにより自己決定できるような環境づくりが必要となります。第2に，社会的に弱い立場にある人は自分の権利が主張できない環境に置かれている場合が少なくないことから支援者は利用者の来訪を待つだけでは，十分な権利擁護ができません。そこで，支援者は，積極的に地域に出て行き支援すること（アウトリーチ）が必要となります。しかし，アウトリーチは，利用者のプライバシー権を侵害したり，個人情報の漏洩の危険性があります。情報の収集にあたって利用者のプライバシー権に配慮し支援目的に必要な範囲に限定するとか，他の支援者と情報を交換するときには守秘義務を徹底するとか，それらのことを文章化した情報管理マニュアルを作成するなどの対応が必要です。

　また，利用者の権利擁護のために，支援者は現在ある社会福祉資源を拡充したり，不足の場合には新たな社会資源を創設することも必要です。このよう

に，社会的に弱い立場にある人のために社会資源を新たに創出したり，社会に訴えかけたり，あるいは行政に福祉政策を提言するなどの活動をソーシャルアクションといいます。これは，社会的に弱い立場にある利用者の各種人権保障を現実化する手段として意義があります。しかし，ソーシャルアクションは支援者が主体となる形態の場合，支援者の価値観を強く出すと，利用者の自己決定権を損なうばかりか，他人依存的なパワーレスな状態をつくり出すので注意する必要があります。

6　認知症高齢者の支援と人権

　まず，私たちは認知症の人と接するとき，「認知症」の人ではなく認知症の「人」を意識することが大切です。認知症の人の行動を徘徊という場合があります。広辞苑によれば徘徊とは「どこともなく動きまわること」と書かれています。しかし，認知症の人は自身の行動を真剣に考えているのです。たとえば，長期記憶でずっと昔のことが残り，娘の幼稚園へお迎えに行かないといけないとか，真剣に考えているのです。これは自己実現に不可欠な表現の自由の表れなのです。「徘徊」という言葉よりも「ひとり歩き」という表現が適切な場合もあります。

　また，認知症高齢者は，自分自身を言語により十分に表現できません。その結果，周囲と軋轢を生じることが少なくありません。そこで，支援者は言語以外のコミュニケーションの手段（ノンバーバルコミュニケーション）を使うことにより，認知症高齢者の表現の自由を補う必要があります。たとえば，体の動きや表情などを観察することにより，気持ちを読み取ることなどです。また，認知症高齢者はコミュニケーションに対する意欲の低下がありますから，支援者（介護従事者など）は，アイコンタクトをとり，うなずきながら相手を受容し，共感的な態度をもって，かつ笑顔で対応することが求められます。とくに，脳血管性認知症の場合には，感情失禁が生じやすくなりますから，感情を和らげる配慮が人権尊重につながります。

　認知症の特色として，見当識障害があります。配偶者が分からなくなったり，自身の子どもさえ分からなくなります。家族はこのことにショックを受け，事実を受け入れたくないためにひどく叱りつけることがあります。しかし，支援者のこの行為は，認知症高齢者の自信を喪失させ，パワーレス（力をなくす）の状態につながり，一層認知症が進行します。このような状況で，認知症高齢者の個人の尊厳を保障する手段として，大好きな写真を飾り心を落ち着かせる工夫をすることも人権尊重の一形態かと思います。

　食事に関する物忘れは，生命に関わります。食事をしたにもかかわらず，また食事を求めることがあります。このような場合，「ばあちゃん，さっき食べただろ！」と怒鳴りつけると残存している感情をひどく傷つけることになり，人権の中核である個人の尊厳を傷つける致命傷になります。そこで，何気なく，印をつけるなどの工夫が必要です。

　アルツハイマー型認知症は，対応の仕方で病状が改善するものではありません。そこで，家族などの介護者（養護者）はいらだち，高齢者虐待を生じる原因となります。それゆえ，高齢者の人権を保障するためには，第1に，「改善」ではなく「安定」を求める考え方に切り替えること，第2に，介護者のストレスを緩和するフォーマルなあるいはインフォーマルな制度を用意することが必要です。フォーマルな制度は介護保険の各種サービスの利用であり，インフォーマルな制度は地域のボランティア活動などとの連携です。

　社会福祉専門職にとって，認知症高齢者から受けるストレスは大変なものです。介護職として，夜間勤務をしていると，とくにその重圧を感じます。それだけに，認知症高齢者の人権保障を実現するには，それを支える福祉専門職の人権への配慮を忘れてはなりません。高齢者虐待防止法は，施設従事者の責任が一般市民よりも重くなっています。理由は，福祉の「専門職」という理由からです。しかし，専門職という理由だけでは，施設従事者の責任を重くする理由にはなりません。施設による職員へのサポート体制の確立など，考慮すべき点が数多くあります。現実として，介護施設従事者への支援が法律で規定されていない以上，各施設においてストレスを軽減する方策を考える必要がありま

す。たとえば，経験が浅い職員を外部の研究会に参加させて，同じ悩みをもつ者同士で話し合い，ピアカウンセリングを使いながら福祉への意欲を回復させるのも１つの手段です。

7　終末期の支援と人権

(1)　終末ケアと人権　　人権保障において最も重要なことは，利用者の人生の最後を尊厳ある姿で送り出すことです。終末期には，とくに，苦痛が極限に達します。意識もなくなり，身体機能の低下から人間の尊厳が傷つけられる状態が発生します。このようなときこそ，福祉に従事する人の人権感覚が試されるのです。利用者の人生を尊重し，プライバシーに配慮し，最大限の受容を示し，そして，清潔を保つことにより終末を迎えるようにともに歩む姿勢を示す必要があります。また，患者の QOL（生活の質の向上）のため，ホスピスケア（末期の患者とその家族の方の入院や在宅看護を通して，苦しみや痛みをできる限り除き，患者の自己決定を尊重した継続性のあるプログラムの提供）を考えることが必要な場合があります。

　最期の看取りについては，家族への人権尊重の視点からの配慮が必要となります。具体的には，家族の人格権の尊重です。人格権とは，憲法の通説的理解（芦部説）によれば，各人の人格に本質的な生命，身体，健康，精神，自由，氏名，名誉，肖像，および生活等に関する利益の総体をいいます。看取りは，家族にとって最愛の者との別れですから，生活に関する利益であり，人格権に含まれます。そこで，家族を看取りから排除することは家族の人格権の侵害となります。ただ，新型コロナウィルス感染防止のため看取りが制限される特殊な場合があります。このような場合はとくに家族は動揺したり，取り乱したりするので，福祉専門職は，家族の人権尊重の観点からより細やかな精神的サポートを忘れてはなりません。

(2)　末期がんの宣告と患者の知る権利　　医療従事者の末期がんの宣告が，患者の人権侵害になるのかが問題となります。最近の医療では，余命をかなり

正確な数字で示すことができます。この場合，人権の視点からは，患者の知る権利が問題となります。

　知る権利は，表現の自由が情報発信者と情報受信者の非対等性から情報を受ける側の表現の自由として構成された新しい人権です。すなわち，現状では医師と患者では病気に関する情報は医師から一方的に患者に伝達される形になっており，医師の判断で患者の病気に関する情報はいくらでも隠匿することができます。これでは，患者は自分の命という最も重要な財産をどのように使うかを判断する術を失ってしまいます。ここから，患者の自己実現を確実にするために，表現の自由（憲法21条）を情報発信力の弱い側から構成したものが知る権利です。ですから，患者の側から医師に対して自己の病気に関する情報を請求することは尊重されなければなりません。

　ところが，生きる希望をもっている患者に一方的に，余命宣告をするのは患者の自己決定権を損なう危険性があります。そこで，医師は，患者とコミュニケーションを密にしながら，情報をすべて開示すべきか否か，選択権を患者側に委ねるのが妥当だと考えます。そして，患者がそれを望めば，知る権利の尊重として情報をすべて開示し，トータルペインの緩和が終末までの目標になります。

8 ソーシャルワーカーの倫理綱領と人権

　(1)　**価値と原則**　　ソーシャルワーカー（以下ワーカーと略します）の倫理綱領（巻末の資料参照）の原理として，人間の尊厳が規定されています。「人間の尊厳」とは，日本国憲法の人権保障規定の中核である「個人の尊厳（＝尊重）」（憲法13条，24条）と同じ意味です。「人間の尊厳」は，社会福祉が学問的に体系化されたヨーロッパ社会において，キリスト教の「人間の尊厳」に由来する概念です。

　すなわち，創世記第1章27節に「神はご自分にかたどって人を創造された」「神にかたどって創造された」「男と女に創造された」とあります。神という最

も尊い存在により，自分にかたどってつくられたことで，他のどの生物にも優越する至高の存在として人間があると考えるのです。

　しかし，同じ人間であっても，社会のなかではさまざまな差別が発生します。生まれ，人種，性別，年齢，身体的精神的状況，宗教的文化の背景，などです。これらの違いは，ときとして，人間の尊厳を損なうことがあります。たとえば，部落差別における人権の侵害，宗教的弾圧による人権侵害，女性の社会進出への阻害など，数えればきりがありません。そのような，人間の本質的な平等を阻害する要因から個人を解放し，本来の至高の存在に回復するのが社会福祉士の仕事です。具体的にいえば，利用者が自分の思い通りの人生を社会の一員として，生きる喜びをもちながら自分の力で歩むことができるように，社会と利用者の間に介在して支援するのがワーカーの仕事であるということです。

　とくに人権保障については，原理Ⅰの「人間の尊厳」では個人の尊厳と平等権が強調されています。また原理Ⅱの「人権」では，自由権が強調されています。

　(2)　**倫理基準**　　ワーカーには，人権がソーシャルワークの拠り所であるので，同倫理綱領のなかでは人権尊重について具体的に規定されています。Ⅰ-2では，人権・権利利益の価値の序列として，利用者の利益を最優先します。利用者のなかには，コミュニケーションが不十分な人がいます。これでは，ワーカーが利用者の意図を汲んだ権利擁護を行うことができません。そこで，Ⅰ-4でワーカーにわかりやすい表現による説明責任が課されています。人間の尊厳（個人の尊厳）の中核は自分の思い通りの生活の実現（自己実現）です。ここから，Ⅰ-5で自己決定の尊重が図られ，自己決定が不十分な場合には権利擁護で補うことがⅠ-7で規定されています。

　また，ワーカーは，職務の性質上，利用者の個人情報に日常的にふれます。容易に個人情報が第三者に流出すると，利用者にさまざまな不利益が発生するばかりか，援助関係の基本であるラポールを損ねてしまいます。ここから，Ⅰ-8でプライバシーの尊重と秘密保持が規定されています。また，現代社会で

は新しい人権としてプライバシー権の内容に自己の情報に関する閲覧・訂正を求める権利（情報プライバシー権）が入っています。そこで，Ⅰ-9で記録の開示が規定されています。

（ 知識チェックポイント9 ）

正しい選択肢には○，誤りには×をつけなさい。

1 ☐ 社会福祉における自立支援とは，経済的自立と身体活動の自立を中心に考えればよい。

2 ☐ 支援者は，利用者の自己決定権の尊重が必要なので，自殺や他人への暴力行為について，干渉・介入は控えるべきである。

3 ☐ 傾聴は，利用者が十分に自分の考えや感情を表現できるように促す手段であり，利用者と支援者の間の信頼関係が確立されていない段階での権利擁護には有効である。

4 ☐ 傾聴は，利用者の表現の自由（憲法21条）の強化につながる援助技術であり，福祉専門職のみが使用すべきであり，専門知識が乏しいボランティアは使用すべきでない。

5 ☐ 権利擁護について，支援者は利用者の代弁人としてのみ行動すればよく，利用者が自己の権利を主張すると不測の損害を被る危険性があるのでセルフ・アドボカシーについては，否定的な態度で臨まなければならない。

6 ☐ 知的障がい者に対する支援において，援助契約に際しては，知的障がい者の権利・利益の保護が最も重要な支援目的であるので，スティグマに留意することなく，父権主義的な立場で支援することが好ましい。

7 ☐ 個別援助のインテークの段階では，支援者と利用者がともに人権を尊重し合えるように，支援者は傾聴・共感・受容を尊重して，ラポールの形成を図らなければならないともに，プライバシー保護に努める旨を告げなければならない。

＊インテークとは，利用者により支援者に援助を求める問題が持ち込まれた最初の段階で解決の適合性を調べる過程をいう。

8 ☐ 社会福祉協議会の職員は，高齢者虐待防止に向けて地域住民の人権意識の高揚と養護者のニーズの把握のために，アウトリーチ型の支援を考えることは好ましい。

9 ☐ 社会福祉事業の経営者には，社会福祉法82条の定めにより，苦情解決の努力義務が課されているが，これは，事実上弱い立場にある，利用者の表現の自由の保障を具体化したものである。

10 ☐ 介護保険制度は，利用者とサービス提供者が対等の立場で，契約を締結しているので，利用者が意見を表明できる苦情解決システムは，部分社会の独自のルール（私的自治）を侵害する危険がある。

11 ☐ 利用者自身の個人の尊厳を回復させる手段として，配偶者，子，隣人，友人などの同情，共感，激励などは効果的な援助手段である。

12 ☐ ソーシャルワーカーの倫理綱領（2020年）において，原理のⅠで「人間の尊厳」が規定されているが，これは日本国憲法の「個人の尊厳」「個人の尊重」と同じ意味である。

13 ☐ ソーシャルワーカーは利用者から得た情報は，職務に関してのものであるので，職務を離れた後は，守秘義務を負うことはない。

14 ☐ ソーシャルワーカーには，利用者の人権擁護者としての地位が求められているが，社会的包含に基づく社会一般人の人権擁護者としての地位は求められていない。

15 ☐ ソーシャルワーカーは，すべての調査・研究過程で利用者の人権を尊重し，倫理性を確保しなければならない。

16 ☐ 認知症高齢者は，見当識障害があるので，衣服のデザインを本人好みにする必要はない。

17 ☐ アルツハイマー型の認知症は，症状の安定よりは医学的改善をめざす支援をすべきである。

18 ☐ 主治医は，患者とのコミュニケーションを通して末期がんを宣告することが好ましい。

19 ☐ 新型コロナ感染防止などの特別な場合以外，利用者の看取りに家族を参加させないのは家族の人格権の侵害になる。

20 ☐ 羞恥心をともなう介護は，利用者とコミュニケーションを図ることなく無言でする方が，利用者のプライバシー権の保護に役立つ。

（解答と説明は146〜147頁）

11　リスクマネジメントと人権

キーワード

リスクマネジメント　安全配慮義務　施設職員の不法行為　施設の設置瑕疵
ヒヤリハット　苦情解決制度　プライバシー権　肖像権　名誉権
羞恥心

1　施設をめぐる人権侵害のリスク

　社会福祉施設の経営は，企業経営に比べて自分を守る法的な知識や苦情処理制度が不十分です。また，社会福祉は伝統的に施設職員の経験と勘に基づき行われ，施設職員による人権の体系的理解が不十分です。2000年の介護保険の導入以来，従来の「措置」制度から「契約」制度へ福祉サービス方式が変化し，社会福祉施設は契約から生じるさまざまな問題点に対応するリスクマネジメント能力が求められています。

　さらに，福祉の分野においては，一般企業経営の顧客対応に比べて，施設利用者の個人の尊厳・人権保障が強く求められることから，人権侵害については，福祉施設の存亡にかかわるリスクとなることが少なくありません。2003年1月に告発された「NPO法人浦島」の事件や2006年7月に明るみに出た東京都東大和市の特別養護老人ホーム「さくら苑」の事件を思い出して下さい。これらの事件がどれだけマスコミを賑わし，施設の運営が致命的なダメージを受けたことか。ここから，日ごろの人権の正確な体系的理解と人権保障体制の構築が，リスクを回避するうえで不可避となります。

【 事例① 】

　　特別養護老人ホームＳの家では，身体拘束ゼロを介護目標に掲げ実施しています。介護職員のＡさんは，介護が身体拘束にならないかいつも心配でたまりません。先日，骨折した利用者を柵つきのベッドに寝かせたとき心配となって，スーパーバイザーに「このベッドは四隅を柵で囲んでないので，利用者の身体拘束でないですよね」と尋ねました。

　ここでは，最初にどのような人権の視点が必要でしょうか。

　ここで考えなければならないのは，介護職の行為が虐待にあたるとか，身体拘束にあたるとかの個別行為の違法性の問題ではありません。利用者の本来の楽しい生き方を侵害していないかを考える必要があるのです。すなわち，安全目的のため長期にわたりベッドに拘束すると，利用者の残存する身体機能を損なうことになり，骨折が治癒しても，利用者は自分らしい人生を送ることができなくなるのです。ですから，利用者の人権を考えるときには，法令の禁止事項の文言解釈に拘泥するのではなく，利用者の立場に立って，現在置かれている状況で「その人のもつ機能を活用しながら最もその人らしい生き方は何か」，また「最も利用者らしい生き方を支援者（介護職員）が侵害していないか」を考える必要があるのです。これが，リスクマネジメントの第一歩です。

2　リスクマネジメントの意義

　リスクマネジメントとは，一般に，経営に関するリスクについて，予め予測しておくことによって，事前の予防対策を図り，また，万一リスクが発生してもリスクによる被害を最小限度に食い止める事後的な管理対策を明確にすることにより，組織や事業体の存続を図るセキュリティー方法をいいます。この方法は，利用者の各種人権保障の他，施設の経済的自由（営業の自由）を保護する方法でもあります。社会福祉施設のリスクについては，各種のものが考えられますが，一部具体例を挙げると以下のようになります。

　⑴　**サービスの質の不足**　　契約内容を十分に満たしていないときは，債務

不履行責任が発生します。具体的には，不適切なケアや施設に求められる衛生基準不足，サービス提供回数の不足などです。

(2) **誇大広告の場合**　何がいわゆる「誇大広告」にあたるかについては，以下のように考えます。①一般人を対象として，②社会的相当性を逸脱した広告であり，③利用者もしくは，その代理人をして施設に対し他より著しく優良との過度の期待を抱かせ，④結果として利用者の権利利益を損なう契約，と考えます。

　なお，「不当景品類及び不当表示防止法」（景表法と略します）を福祉施設にあてはめると，表示とは，「利用者を誘引するための手段として，施設が自己の供給する施設環境・サービス内容，その他これらの契約に関する事項について行う広告そのほかの表示で，公正取引委員会が指定するものをいう」となります（景表法2条2項参照）。また，不当表示として禁止されるのは，商品・労務の品質・企画その他の取引条件について，実際のものまたは地域における同種のサービスを行う施設にかかるものよりも著しく優良であると一般消費者に誤認されるため，不当に利用者を誘引し，公正な競争を阻害する恐れがあると認められるものです。

(3) **安全配慮義務に対するリスク**　利用者は施設において，安全かつ快適な生活を前提として契約を締結しています。そこで，転倒予防や徘徊予防の措置がとられていない場合には安全配慮義務に反する危険性があります。安全配慮義務については，労働法学者の中に，雇用契約の単なる付随義務というものではなく，労働法原理に立脚した労働契約上の本質的義務であるとする見解があります。しかし，安全配慮義務は，請負契約，学校事故，医療事故などの場合にも安全配慮義務が認められる必要があるので，広く，契約を契機とする特別の社会的接触関係で発生するものにはすべて関係すると考えられます。そこで，安全配慮義務を欠いた施設の行為は損害賠償の対象になります。

(4) **施設職員の不法行為，施設の設置瑕疵（欠陥）などによるリスクの発生**
施設職員による虐待行為がここに含まれます。虐待には，通常，身体的な虐待，心理的な虐待，性的な虐待，ネグレクトにより利用者の生命・身体の自

由・精神活動の自由が侵害された場合があります。また，利用者の預貯金等の財産を騙取・詐取する行為により利用者の経済的自由が侵害された場合もここに含まれます。さらに，施設職員のほか，利用者同士のトラブルにより利用者が怪我をした場合もここに含まれるリスクになります。この場合，どの範囲まで施設がリスクを負うのかが問題となりますが，施設の行為と発生した結果との間の相当因果関係の範囲で責任を負うのが妥当だと考えます。

　相当因果関係とは，不法行為責任を考える場合に裁判例・通説が採用している考え方です。この考え方は，施設職員の加害行為と利用者の損害との間に原因・結果の関係があり，一般の人から見ても，そのような加害行為があれば同じような損害が発生する可能性があると考えられる場合には，その損害を賠償する責任があるとする考え方です。

　(5)　**その他のリスクの発生**　　上記のほか，利用料不払いに対する不適切な回収や市町村へ介護料金を請求しないなどの不適切な会計処理がリスクを発生させます。また，虐待の発生原因ともなるのですが，施設職員の労働環境の悪化もリスク発生の要因です。具体的には，夜間の過重労働や利用者あるいは職員同士の人間関係の悪化による精神障害等の発生です。これらにもリスク軽減の方策が必要となります。

【 **事例②** 】

　　特別養護老人ホームＳの家で介護職員として働いているＣさんは，毎日の職務でいわゆる「ヒヤリハット」に遭遇しています。今までは，幸いなことに大きな事故にならなかったのですが，将来のことを考えると心配が尽きません。この場合，利用者の人権と介護職員の人権保障をどのように考えればよいでしょうか。

　まず，利用者も人間であり，支援者である介護職員も人間であるということです。ですから，人間には本来備わった機能以上のことを求められても行うことは不可能です。この事例において，施設で介護事故発生ゼロを目標に掲げても，現実的には実現することはできません。介護事故について，すべて介護職員の責任にしていたのでは，彼らの表現の自由（憲法21条），職業選択の自由

（憲法22条）に萎縮が発生するばかりか，生存権（憲法25条），勤労権（憲法27条）などを侵害することになります。

　そこで人権の視点を確立する必要があります。まず，介護事故は必ず発生するということです。ですから，施設の経営者は職員に過度な責任を負わせることは避けるべきです。しかし，事故には回避不可能なものとちょっと気をつければ防げるものがあります。そのために，防げる事故については研修，意識高揚などフォーマルな方法あるいはインフォーマルな方法を使いながら，防止を図る必要があります。これをすることが，利用者の人権保障の強化にもつながります。

　一方，防げない事故については，施設が保険を掛けるなどの対策をしておくべきです。また，防げない事故に関しては，必ず利用者と家族に対して説明をすべきです。曖昧な問題解決は，施設と職員に対する信頼を損なうことになります。公平性を確保するために，できれば，第三者委員の意見を付けることが望ましいでしょう。

3　リスク軽減対策としての苦情解決制度の活用

　⑴　**苦情解決制度の意義**　　苦情解決制度は，リスクを事前に予防する意義があります。とくに，閉鎖的な空間で利用者と職員が生活する場においては，リスクの萌芽があっても情報が十分に施設に伝わらず，施設利用者の人権を侵害して初めて施設がリスクの存在を知ることが少なくありません。そこで，リスクを生み出す情報を取得し，予防措置を講じることによって施設の運営を揺るがすリスクを回避するためには，苦情情報の取得は大きな役割を果たします。具体的には，施設の設置瑕疵（欠陥），職員の対応，契約の履行，広告の方法など，苦情情報を受け入れておけば，大きなトラブルになる前にリスクを回避する適切な手段を講じることができます。

　また，利用者を不愉快にする些細な行為はいくら施設が注意をしても発生を防止することは困難です。しかし，日頃から利用者と施設側がコミュニケー

ションをとっていれば，両者間に信頼関係ができ，情報を気軽に提供してもら
えるばかりか利用者のハラスメントの感情を抑制する効果もあります。そこ
で，苦情解決を一種の信頼形成を目的とするコミュニケーション手段と位置づ
けることが重要です。日常の施設業務のなかで，苦情は職務の怠慢と考えがち
ですが，もっとポジティブに考えてみてはどうでしょう。「措置」から「契約」
になった福祉制度の転換において利用者の「利用満足度」の一般的な基準とし
て苦情解決制度は効果的です。

【 事例③ 】

　老人福祉施設の施設長Ｎさんは，日頃から人権尊重に基づく施設運営を目標に
掲げています。ところで，社会福祉法82条の苦情解決制度を施設職員に説明しよう
と考えています。人権の視点をどのように説明すればよいでしょうか。

　私たちの人権は，人間であるゆえに当然に認められるという性質をもってい
ます（固有権）。また，誰もが同じ価値の人権を保障されています（法の下の平
等）。現在の福祉サービスの制度は，利用者とサービス提供者を対等と考え，
お互いの意思の合致により思い通りの効果を発生させる「契約」という制度を
採用しています。しかし，現実は対等ではありません。

　第1に，福祉施設の利用者は年齢的な理由や障害などの理由により，契約内
容が不十分であっても，それを理解できない場合があります。契約内容を理解
できないと個人の尊厳を維持するサービスを受けることができなくなり，場合
によっては生存に関わる問題も発生します。そこで，施設長は，人権の固有
性，法の下の平等の実質化，生存権の確保という人権の視点から利用者が苦情
をいいやすい環境づくりをしなければなりません。

　第2に，施設長は，利用者の表現の自由の実質化を考える必要があります。
福祉施設の表現の自由からは，数多くの情報が利用者に伝達されます。しか
し，表現能力が乏しい利用者は自分の思い通りの人生を送るために使用してい
る施設について，自分からの情報を十分に伝達できません。この情報の非対等
性は，福祉サービスの質の低下を招く原因となり，利用者の生存権に影響して

きます。この点からも苦情をいいやすい環境づくりが求められるのです。

(2) **苦情解決の分類**　平田厚弁護士は，苦情処理を３つのレベルに分類しています。第１は，「要望のレベル」です。これは，苦情処理に積極的な意義をもたせ，施設側がこの要望をサービス内容に反映させていくことによって，福祉サービスの質の向上をもたらし，一層の信頼を確保できる喜ばしい要望としています。第２は，「請求のレベル」です。これは，施設側が契約を遵守していないというネガティブな意味を含んでいます。したがって，そのような苦情処理が多いことは喜ばしくはありませんが，事故などの大きな問題を生じさせないためにも，早期に積極的な対応が必要な苦情解決です。平田弁護士によると，「施設のリスクマネジメントには最も有効な材料である」とされています。第３は，責任追及レベルの苦情処理です。これは，全くネガティブな苦情であり，これは施設にとって避けなければならない苦情解決です（平田厚『実践リスクマネジメント』全国社会福祉協議会，2004年より引用）。

　苦情解決制度を予防的リスクマネジメントの手段と考えるならば，私は，上記を参考にしながら以下のように考えます。まず，苦情解決には，利用者と施設とのコミュニケーションが不可欠であるので，この段階を「予備的苦情解決」と呼びます。ここでは，利用者と施設が契約の当事者同士として忌憚のない会話ができる対等の関係を構築することが必要です。また，福祉施設利用者のなかには，意思表示が不十分な者も少なくありません。そのような場合には，ご家族や後見人などとのコミュニケーション確保が必要となります。第２の段階として，「要望レベルの苦情解決」を考えます。第３は「債務不履行に基づく苦情解決」として，契約内容の不履行を処理します。第４は，「不法行為に基づく苦情解決」として，施設職員による虐待，施設営造物の瑕疵による利用者の権利利益の侵害などの解決にあたります。

　しかし，苦情解決を内部だけで処理するのでは，施設の密室性から考えて隠蔽をともなう危険性があります。そこで，隠蔽を防ぎ，利用者の人権や権利利益を保護するため，第５に「第三者による審査レベルの苦情解決」が必要となります。ここで，「第三者」とは，施設関係者，利用者以外の者をいい，地域

の学識経験者や NPO 法人，弁護士や司法書士などの法律家，社会福祉士などの社会福祉の専門家が好ましいと考えます。

4　利用者の人権侵害とリスクマネジメント

社会福祉施設でリスクマネジメントの観点から最も注意しなければならないのは，人権侵害です。いったんこの問題がマスメディアに取り上げられると，施設運営の致命傷ともなりかねません。そこで，日頃から人権についての体系的理解と施設職員が共通にもつ人権意識の高揚を図らなければなりません。それゆえ，ここではとくに施設で問題となる人権についてリスクマネジメントの観点から検討します。

(1)　**プライバシー権の範囲**　　プライバシー権はもともとその観念が必ずしも明確でないことから，伝統的なプライバシー権の理解を超えて拡大する傾向があります。この点について，伊藤正己元最高裁判事はアメリカでの経験を参考にして，4つの面を指摘しています。①情報収集の方法が妥当性を欠くときには，プライバシー権の侵害とされる。②相手方に対しそれぞれ公表されている個人情報であっても，それを集中管理することがプライバシー権侵害とされる。③自己の私的領域に属することは，自ら決定することができ，他者とくに公権力によって干渉されない自由を持つことが，プライバシーの内容とされる。どのような服装をするかを決める自由，夫婦が子を生むかどうかを決める自由，猥褻文書であっても，個人としてそれを楽しむ自由，さらには自己の生死を決定する自由などが含まれる。④広義のプライバシー権には，およそ人が他者から自己の欲しない刺激によって心の静穏を乱されない利益が含まれると考えられる。信教の自由の侵害にあたらなくても，静謐な環境のもとで自己の信仰生活を送ることが害されたり聞きたくない音を強制的に聞かされたりすることが，その例である，と指摘しています。

(2)　**福祉施設のリスクマネジメントへのあてはめ**

(a)　**情報収集の妥当性の検討**　　まず，情報収集の方法が妥当性を欠くとき

について考えてみましょう。施設利用にあたり，施設運営の平穏性の確保をめざして，興信所などの民間情報収集機関を利用することにより利用者の政治的思想傾向，出身地域，犯罪歴，所得を調査した場合がこれにあたり，プライバシー権の侵害になります。

(b)　施設での情報管理の集中化の検討　　現代社会は，コンピュータによる情報管理を不可欠としている情報化社会です。そこで，施設においても円滑な運営を図るため利用者の情報を一括管理しています。具体的には，他の利用者や職員に知られている病歴，年齢，住所，家族関係，所得，学歴などです。しかし，その情報が他に流出する危険性があれば，利用者のプライバシー権が侵害されるので，流出防止策がとられていない場合は現実に法益侵害が発生していなくてもプライバシー権侵害と考えられます。

(c)　他者から自己の欲しない刺激によって心の静穏を乱されない利益の検討　　たとえば，カトリック修道院が経営する特別養護老人ホームで毎日，キリスト教のお祈りを館内放送で流したり，宗教色の強い音楽を流す場合，仏教徒など他宗教の利用者のプライバシー権が侵害されるかが問題となります。

この問題について，公共交通機関が車内放送を行うとき，その利用者は，聞くことを拒否する自由を事実上有していないという意味で「とらわれの聴衆」と呼ばれます。下級審の裁判例では，人格権侵害について，「我々は，法律の規定をまつまでもなく，日常の生活において，見たくない物を見ない，聞きたくない音を聞かないといった類の自由を本来有している」が，「時所を選ばずに右のような自由を完全に享受することは実際上不可能なことであり」として，車内での広告放送は違憲ではないと判断しました。最高裁判所も同様の判断をしています。

これに類似することは，施設では多々あると思いますが，自分が生きていくうえで不可欠な人権を過度に侵害するなどの特段の事情がない限り，社会的相当性の範囲内においてはこのような館内放送は受忍限度の範囲であり，プライバシー権の侵害にはなりません。

5　福祉施設における肖像権侵害

　明治憲法下では，人権は天皇の恩恵であり，この時代に育った人たちの人権意識はさほど強いものではありません。従来高齢者福祉の分野では，措置の時代の対象者はこのような教育環境のもとで育った人たちでした。そこで，施設の広報誌に利用者の顔写真を掲載しても問題が起こることは稀有でした。しかし，福祉サービスの提供が契約の時代になり，契約締結者は対等な関係になったうえに日本国憲法下で教育を受けた人権意識の強い利用者が施設に入ってくると肖像権について配慮がなければ訴訟になる危険性があります。とくに，団塊の世代が高齢者となるこれからは肖像権侵害のリスクが福祉施設で多発する危険性を否定できません。

　原則として，個人を特定できる方法で不特定多数の人に姿態を公開することは肖像権の侵害に該当します。しかし，例外的に，個人の承諾がある場合，利用者の人権保障，権利利益の保護のため福祉サービス業者が職務として情報を共有する場合には，肖像権の侵害になりません。後者の場合，問題となるのは，利用者に意思能力が不十分な場合です。よく家族の承諾を受けたので利用者の姿態をホームページとか広報誌に掲載したとの話を聞きます。しかし，肖像権は芸能プロダクションや球団など，特殊な場合を除き，原則として本人自身に帰属する一身専属性の高い人権です。ここから，家族の承諾では，肖像権侵害の違法性はなくなりません。また，本人の推定的承諾というのも許されません。

6　肖像権のリスク軽減対策

　肖像権侵害を軽減するには，個人が特定できないように遠景で写真を撮る，目線を入れる，後ろから撮るなど方策を講じる必要があります。また，広報誌で園内の活動を PR するときには，施設職員を前から撮り，利用者が後ろ向き

になるようにするなどの工夫が必要でしょう。なお，職員の肖像権については，活動の姿は職務上必要なものであり，職務との関連性を著しく欠くような場合でない限り肖像権の侵害となりません。女子職員の肉体の一部を誇張して掲載したり，介護風景を掲載するのに女子職員の顔をアップにしたりすることは職務の相当性の範囲を超えるので肖像権やプライバシー権の侵害になる危険性があります。

7 名誉権とリスクマネジメント

(1) **名誉権の法的位置づけ**　名誉権は，北方ジャーナル事件の裁判例では，「人格としての名誉の保護」と述べ，名誉権を幸福追求権から派生する人権として認めています。憲法学上，名誉権は人格権の一種と考えられ，人の価値に対する社会の評価をいうとされています。これに対して，刑法上は侮辱罪の保護法益として名誉感情も侮辱罪の保護法益となっています。私は，施設における人権侵害を防止するためには，名誉感情も名誉権に含めるべきであると考えています。

(2) **施設における名誉権の侵害について**　施設利用者の社会的な名誉を汚すような言動や行為は，名誉権の侵害になり，個人情報の漏洩をともなう場合には，職員としての守秘義務違反や施設の管理責任が問われることがあります。また，施設職員が利用者を呼び捨てにしたり，「○○ちゃん」，「○○じい」とか，「○○ばばあ」と日常的に呼称している場合には，利用者の名誉感情を侵害し，施設にとって名誉権の侵害としての損害賠償のリスクが発生します。

　では，認知症のため判断能力がない者に対して反復継続して，上記の呼称を使用した場合の施設の責任はどのようになるのでしょうか。名誉感情は，利用者個人の一身専属的なものであるので家族がその事実を知ったとしても名誉感情の侵害を理由として損害賠償，慰謝料の請求を施設に求めることはできません。しかし，そのような行為が繰り返されると家族の社会的信用を損なうことも少なくありません。ここから利用者の名誉権の間接的な効果として，施設に

125

損害賠償請求を求めることは可能であると考えます。

8　福祉施設における利用者の羞恥心とリスクマネジメント

　福祉施設で問題となることに，利用者の羞恥心と介護事故の関係があります。具体的な事例では，歩行が不十分な高齢者が排泄行為をするときに，介護職員の入室を拒んだ直後に転倒事故を起こした場合です。

　人間は誰でも羞恥心があります。羞恥心は，「個人の生活が公開されることが恥ずかしい」ということですから，プライバシー権の内容です。また，自己の排便の仕方を自分で決めるわけですから，自己決定権の問題も出てきます。一方，施設には，経済活動として，円滑な営業の自由があります。また，事故が発生すれば，利用者の家族から損害賠償を請求されることがあります。このような場合，どのような人権の配慮が必要でしょうか。

　まず，施設の特性として，利用者の安全な生活維持があります。それゆえ，安全に対する配慮を無視して，プライバシー権や自己決定権を無制約に保障することは正しくありません。利用者が理解できるときは，１人で排便する危険性と問題点を説明し，納得してもらうことが大切です。また，事故が起きない範囲でプライバシー権や自己決定権を認めてもよいと考えます。認知症で理解できない場合には，社会通念や介護職の経験則に照らして事故が発生しない範囲でプライバシー権（羞恥心）や自己決定権（排便方法の決定）を認めることができると考えます。なお，認知症であっても，介護職員は利用者の尊厳を保った態度をとることや優しい声かけをするべきことはいうまでもありません。

　なお，認知症の利用者が徘徊を防ぐために，窓を全く開閉できないような密室空間をつくることは，利用者の人身の自由を侵害する危険性があります。この場合には，徘徊を防ぐ目的を達成する範囲で必要最小限度の制約をすればよく，窓の開閉の角度を調整するなどの人権制約をより小さくする手段があるからです。

知識チェックポイント11

正しい選択肢には○，誤りには×をつけなさい。

1 ☐ 施設経営者は，利用者の自己決定権の尊重よりもパターナリズムを尊重した施設運営をしたほうがよい。

2 ☐ 施設職員は，福祉サービス契約の履行については，契約は利用者と対等に締結したのだから，利用者からのクレームについては要望がでるまで放置することが，自己決定権の尊重になる。

3 ☐ 苦情は福祉施設のリスクマネジメントの観点から大切な情報源である。

4 ☐ 認知症の利用者が他の利用者に著しい暴言をはいたり，いわゆるセクハラをする場合，利用を断ることは，認知症の利用者の人権を侵害する。

5 ☐ 施設利用者同士で些細なけんかとなった場合，利用者の平穏な生活を守るため，問題を徹底究明すべきである。

6 ☐ 親しみを込めて「おばあちゃん」というのは，利用者の人格権を侵害することにはならない。

7 ☐ アセスメントの段階で家族から情報を収集することは，家族のプライバシー権を侵害するので控えることが望ましい。

8 ☐ 施設のパンフレットに使用するため，利用者の顔写真を撮る際には，本人の承諾を得る必要があり，判断能力が不十分な場合には，身元引受人の家族の承諾を得る必要がある。

9 ☐ 施設利用者の名誉感情は抽象的なものであり，名誉権の内容に含める必要はない。

10 ☐ 寝たきりの利用者の人権に対する施設側の配慮としては，彼らが自立できるように喪失した機能を回復させることが最も重要なことである。

（解答と説明は147〜148頁）

12 社会福祉事例演習と人権尊重の視点

キーワード

必要最小限度の制約　　人権制約チェックマニュアル　　認知症と人権　　高齢者
虐待防止と人権　　プライバシー権——個人情報と人権　　施設経営と人権

1 福祉現場での利用者の人権対立と調整の視点

今まで勉強したことを具体的な事例を通して整理しましょう。

【 事例演習① 】

　Aさん（80歳）は，S特別養護老人ホームの利用者です。最近，認知症が進み徘
徊（ひとり歩き）することが多くなりました。また，ときどき自分の便を食べるこ
とがあります。先日は，いわゆる不潔行為を止めさせようとした介護職員に暴力行
為をしました。この問題に悩んだ介護職員のBさんは，カンファレンスでAさんの
身体拘束についての可能性を提案しました。この場合，どのような人権的配慮が必
要でしょうか。なお，Aさんの家族はAさんの転倒防止など安全配慮の面から施設
に身体拘束を求めています。

⑴　**人権の享有主体性の確認**　　まず，基本的人権の享有主体性について考
えましょう。人権の享有主体性とは，日本国憲法の人権保障を受ける地位をい
います。Aさんの人権は，Aさん自身のものであり，他の誰のものでもありま
せん。家族は，自己の都合で身体拘束を求めることがありますが，あくまでも
Aさんの人権保障を軸に考えるべきです。家族の意見を重視するあまり，Aさ
んの人権を侵害するのは，正しい人権尊重の考え方ではありません。

　次に，身体拘束について考えましょう。身体拘束とは，高齢者をベッドに縛

りつけるとか，ミトンの手袋を着用させるとか，つなぎの服を着せるとか，狭い部屋に閉じ込める等の行為をいいます。これらの行為は，利用者の身体（人身）の自由を侵害します。私たちは，体を自由に動かせてこそ思い通りの生活ができるのです。そこで，身体活動をむやみに制限することは「個人の尊厳」（憲法13条）を直接傷つける行為につながります。また，頭で思い描いた行動を制限するので表現の自由（憲法21条）や自己決定権（憲法13条）に反します。身体拘束の結果，身体的な衰弱や尊厳ある日常生活が損なわれることがあるので，生存権（憲法25条）に反することにもなります。加えて，身体拘束は，ときとして排泄行為を外部に曝すので個人のプライバシー権や名誉権を侵害することにもなります。

高齢者虐待防止法では，身体拘束を虐待行為として規定していませんが，厚生労働省の見解や通説では，身体的虐待，心理的虐待，性的虐待，ネグレクトなどと同様な人権侵害性があることから，高齢者虐待としています。しかし，身体拘束の必要性を考慮し，「切迫性」，「非代替性」，「一時性」を要件として身体拘束を認めています。

身体拘束は，原則として重大な人権侵害であり廃止すべきです。しかし，人権調整の視点を忘れて一律「廃止」としたのでは，ときとして利用者や介護職員の人権が侵害される場合があることを忘れてはなりません。よりよい福祉の実現のためには誰もが幸せにならなければなりません。そのためには，誰かに特別の犠牲を強いるというのは正しい人権感覚ではありません。よく社会福祉施設がスローガンとして「身体拘束廃止」を標榜しているのを目にします。それ自体は大変素晴らしいことですが，ここで，人権の特別な犠牲が発生していないかをチェックする必要があります。介護職員が体にあざをつくって我慢しているのでは，長続きしません。利用者の身体拘束をしなかった結果，自傷行為により利用者の生命が奪われたのでは本末転倒です。このことから，残念ではありますが身体拘束を完全に否定することは問題が残ります。では，どのような視点をもてば，必要悪としての身体拘束を認めながら，利用者の人権が守られるのでしょうか。以下，人権論の立場から検討します。

(2)　**自由の制限と必要最小限度の制約の基準**　　まず，Aさんの人権制約について，「自由な生活を最大限尊重する」ということを介護職員全体で共通の認識としてもちましょう。私たちは社会のなかで生活しているのですから，他人の人権を制約することは当然出てきます。介護職員による利用者の人権制約は福祉の人権尊重の思想に反する行為ではなく，必要以上の制約が人権尊重に反する行為なのです。

　そこで，Aさんに身体拘束が必要なときは，必要最小限度の人権制約を考えましょう。介護職員にとって介護に便利だからとか，施設のマンパワーが不足しているとか，家族の要望が強いからというのは身体拘束を認める理由になりません。最初に，身体拘束が必要な理由を明確に示しましょう。徘徊（ひとり歩き），経口チューブの抜き取り，暴力の防止，いわゆる不潔行為などいろいろあると思います。次に，問題行動に対応する介護手段を考えましょう。いくつか選択肢があるなかで，最も利用者の自由の制約が少なく，苦痛が少なく，尊厳を傷つけない手段を考えてください。徘徊が著しいとき，ベッドに縛り付けるのではなく，日頃生活しているスペースで身体の安全を確保できるのなら，そのスペースのなかで身柄を確保する必要があります。著しい暴力行為の場合，安易に薬物を投与するのではなく，日頃好んだ身の回り品や色彩で心が落ち着くならばそのような手段を採用すべきです。排泄が認識できないときは，トイレの絵で認識させるとかトイレの位置を矢印で示すなどの工夫も必要です。

(3)　**人権制約チェックマニュアルの作成**　　利用者の自傷行為などによる自身の人権侵害，利用者による他の利用者への人権侵害，あるいは利用者による介護職員への人権侵害行為が突然発生し，対応が緊急に求められる場合に身体拘束が使用されることがあります。この場合，対応マニュアルを用意していなければ，安易に「切迫性」を認定し，身体拘束の合法性を認めることになります。この点について，日頃からマニュアルを用意していれば，とっさの場合にも利用者の自由度の高い介護手段や対応手段を使うことができます。

　この場合，具体的には，指導的役割を担うスーパーバイザーは誰が担当する

とか，責任の所在はどこにあるとか，メンバーは誰かとか，より人権侵害が少ない手段とはどのようなことなのかを文書により明確化する必要があります。また，実際に発生する事態を想定した訓練も必要でしょう。厚生労働省の示している基準は曖昧です。曖昧な基準は，利用者の人権を侵害する危険性があります。日頃から，人権制約の基準の明確化を意識するとともに訓練や事例検討を通して人権についての問題点をあらい出し，介護職員が鋭い人権感覚を身につけることが大切です。それとともに，介護・医療・福祉関係者だけでなくときには，人権の専門家である法律家（弁護士・司法書士・大学教員など）を交えた研究会や事例検討会を開催し，理論化された人権論の見地から福祉における人権を学ぶことも必要です。

2 福祉現場での利用者のプライバシー権保護の視点

【 事例演習② 】

　S特別養護老人ホームに勤めている介護職員のCさんは，施設の広報担当をしています。先日，施設では盆踊り大会があり，利用者はみんな嬉しそうに盆踊り大会を楽しんでいました。Cさんは，楽しそうな様子を社会に伝えたいと思い，女性利用者Dさん（80歳）の顔をアップで正面から撮影し，ホームページに掲載するとともに施設案内のパンフレットにも掲載しました。この行為について人権上どのような配慮が必要でしょうか。なお，掲載については利用者自身ならびに家族の承諾は得ていません。

　私たちはついつい自分の立場で物事を考えがちです。Cさんの広報担当者としていい仕事をしようという気持ちは理解できます。しかし，人権を考えるときは相手の立場にも配慮が必要です。とくに，社会福祉施設においては契約により利用者とサービス提供者とが法的には対等であるとはいえ，利用者の意識のなかには「お世話になっている」とか「ここを出ると行くところがない」など，事実上は利用者は弱い立場にあることが少なくありません。そこで，利用者とサービス提供者が対等の立場になるためには，サービスを提供する側にある職員が利用者の人権に配慮する気持ちが必要になります。

　この事例の場合，施設利用者のプライバシー権に配慮する必要があります。プライバシー権の本質は，「自己の私生活をみだりに公開されない」ことにあります。「みだりに公開されない」との価値観は，抽象的でそれぞれの利用者により異なります。そこで，まず利用者に被写体となることについての同意が必要となります。利用者のなかには，判断能力が十分でない人がいます。そのような場合には，被写体が特定されないように後ろ側から撮影するとか，写真に目線を入れるとかの配慮が必要です。また，利用者の家族に対する配慮も必要です。家族のなかには，利用者が施設に入っていることを公開されたくない人もいます。利用者の主たる家族とコミュニケーションをとり，家族のプライバシー権にも配慮が必要です。裁判例では，「プライバシー権，つまり私生活をみだりに公開されない権利の侵害に対しては，侵害行為の差止めおよび精神的苦痛による損害賠償請求権が認められる」（東京地判昭和39年9月28日）と判断しています。

　イラスト画で利用者を描写する場合はどうでしょうか。この点裁判例では，「人は自己の容ぼうを描写したイラスト画についてみだりに公表されない人格的権利を有する」（最判平成17年11月10日）としているので写真と同様の注意が必要です。

3　認知症と人権尊重の視点

【 事例演習③ 】

　　M市に住むE子さんは，最近よく知っている人や物の名前が出てこなくなり，家族でさえまちがうことがあります。ときどき，自分の財布が家族によって盗まれたなどと近所にふれ回ったり，警察に通報したりする回数も増えてきました。また，目の前にあるものを何でも食べてしまったり，食べたことすらすぐ忘れ，すぐに食事をしたくなります。このような状況で関係者は人権の視点からどのようにEさんに接すればよいでしょうか。また，中心となって介護をしている家族にはどのようなアドバイスをすることが人権尊重の観点から必要でしょうか。

　この事例の場合，認知症が考えられます。認知症高齢者に対しては，まず個

人の尊厳を傷つける態度は避けるべきです。具体的には，幼児言葉や見下した言葉あるいは，いわゆるため口の類は高齢者の自尊心を傷つけます。かけがえのない人格であることを意識して敬意をもって接することが必要です。軽蔑的な接し方は暴力行為や感情不安を誘発することがあります。認知症は，特別な病気ではなく誰でも発症する可能性のあることを認識し，かつ自分もそのようになる立場の交代可能性も認識することが重要です。

　第2に，認知症を発症しても自分の思う通りの人生を歩む気持ちは発症前と変わることはありません。ですから，高齢者の自己決定権を尊重し，たとえ発症前よりも時間がかかったとしても，自分で決定できることは自分で決定してもらうことが大切です。また，自己決定の尊重に合わせて残存能力を活用し，自立できるように支援することが大切です。支援者が自己の価値観や自己に都合のいい行動を強制すれば，高齢者に残存している能力を奪いパワーレス（力を失なう）の状態を誘発する危険性があります。

　第3に，認知症の高齢者は支援者がいくら諭したとしても行動を変えることが必然的にできない場合があります。支援者側にとっては，辛く「どうして！！」という気持ちが溢れてきます。支援者が感情に支配されると虐待を誘発しかねません。そこで，高齢者の人権を守るためには，高齢者の行動を受容し，支援者（養護者）側が変わる努力と工夫が必要となります。この場合，高齢者のエンパワメントを活用する方法として，日頃から愛用していたものや大切にしていたものを高齢者の身の回りに置くと記憶の回復が図られることがあります。高齢者の日常の生活や歩んできた道を観察し，尊重することが認知症をもつ高齢者の安心につながり，個人の尊厳を守ることになります。

　もちろん支援者，とくに介護を中心となって行う養護者のストレスは大変なものです。そこで，養護者に対する人権の配慮も必要です。この点，高齢者虐待防止法は，明文規定として「養護者の支援」があります。このような状況にある養護者は恥じることなく行政や地域包括支援センターに相談することが大切です。また，地域の民生委員や町内会長を通して行政や地域包括支援センターに相談することもできます。ショートステイやデイケアあるいは，在宅介

護サービスの提供などさまざまな福祉サービスを知ることは養護者の安心につながります。この事例の場合には，高齢者Ｅさんの人権保障だけではなく，Ｅさんを取り巻く家族の人権も視野に入れた支援が必要となります。

4　高齢者虐待防止と人権尊重の視点

【 事例演習④ 】

　　Ｍ市に住むＦ子さん（85歳）は，息子のＧさん（55歳）と２人暮らしです。最近，Ｇさんはいわゆる派遣切りに遭い，町工場の仕事を解雇されました。Ｆ子さんの自宅からはときどきうめき声が聞こえるとのうわさが町内会長のところに寄せられています。このようなとき，地域に住む人はどのようにＦ子さんに接することが人権尊重になるのでしょうか。

　　この場合，高齢者のＦ子さんを孤独にさせないことが大切です。お互いのコミュニケーションは，あいさつが基本です。Ｆ子さんの存在を認めるためには「おはよう」，「こんにちは」，「こんばんは」，「お元気ですか」など何気ない日常のあいさつが重要な意義をもちます。あいさつが発展して見守りとなり，虐待という人権侵害を未然に防ぐことができます。また，Ｆ子さんが元気がなかったり，あざがあるのを見たら気軽に「どうかしましたか」と声かけをすることが大切です。また，このような場合，息子のＧさんへの声かけも大切です。二人暮らしで高齢者を介護するとストレスを発散できず，高齢者虐待を誘発する原因になります。Ｆ子さんの人権保障が大切なことはもちろんですが，虐待を行ったＧさんの悩みやストレスに対する配慮も必要です。

　　このように見守りと気づきは，虐待を防ぎＦ子さんの人権を守るのに役立ちますが，残念ながら虐待が発生してしまったらどうすべきでしょうか。私たちは他人の生活に介入し，通報することに抵抗感があります。しかし，虐待は密室化し，なかなか表に出てこないので虐待行為を受けるＦ子さんの人権を守るためには通報が重要な手段となります。そこで，高齢者虐待防止法では，生命に重大な侵害が無い場合には通報の努力義務を課しています。努力義務とは，

法的な拘束力はありませんが，「通報するように努力してください」という道徳的なお願いをすることをいいます。一方，生命に重大な影響があるときは通報義務という法的な義務を課しています。この場合，私たちはＦ子さんやＧさんのプライバシー権の侵害が心配になりますが，高齢者虐待防止法は守秘義務違反にならないと規定しています。また，誤って通報しても処罰されることはありません。

　私たちは，通報すると個人が特定され，後で不利益を被ることを心配しますが，高齢者虐待防止法では，通報を受けた職員に個人の秘密を漏らしてはならないという「守秘義務」が課されているので安心です。

5 個人情報と人権尊重の視点

【 事例演習⑤ 】

　Ｔ市地域包括支援センターで社会福祉をしているＯさんは，担当している困難事例の検討と解決のためにＴ市の生活保護担当職員Ｐさん，民生委員Ｑさん，弁護士のＲさん，医療機関のＳさんで個別ケース会議を開くことにしました。このとき，事例の対象となっているＵさんの個人情報をどのように扱うことが人権尊重になるのでしょうか。

　私たちの生活はコンピュータなくしては成り立たなくなっています。銀行の預金管理，行政による住民情報の管理，病院による患者の病歴情報の管理など，枚挙に暇がありません。このような高度情報化社会においては，個人情報の管理がずさんだといとも簡単に情報がネット上に流出し，不特定多数の人の目にさらされ，プライバシー権が侵害されるばかりか犯罪に巻き込まれるなど不測の損害を被る危険性があります。ここから，個人情報の利用目的の明示，利用目的の通知や公表，個人情報の第三者提供の原則禁止などを定めた個人情報保護法が2005年4月から施行されました。事例に登場する人たちは多くの場合，個人情報保護法の対象となる「個人情報取扱事業者」に該当する可能性があります。そこで，利用者Ｕさんのプライバシー権保護のための人権の視点が必要となります。

　第1に考えないといけないことは，法律の遵守が最終的な目的ではなく，最終的な目的は利用者Uさんの利益を守ることです。最近，いわゆる縦割り行政の弊害で同じ行政機関にあっても部署が異なると個人情報を公開しないことがあります。しかし，これは正しくありません。常に，何のためにこの法律があるのか法の目的から考えてください。必要以上に情報公開を拒否することは，福祉サービスの提供が遅れ，Uさんの個人の尊厳を傷つけることにもなりかねません。お互いに守秘義務の徹底を図れば個人情報の流出を防ぐことができるのです。

　第2に必要以上に情報を出したくないときには，個人の特定化を防ぐ手段を考えることです。通常，個人情報は氏名，生年月日，住所が記載されています。そこで，氏名を仮名にしたり，イニシャルを用いたり，生年月日や住所の情報を個別ケース会議で検討の必要がなければ出さないなどの工夫がされれば，個人情報の流出を防ぐことができます。

　第3は，施設利用の契約時に個人情報を個別ケース会議で使用することの同意を得ておくことです。本人の同意が得られないときは，個人情報保護法23条1項2号の「人の生命，身体又は財産の保護のために必要がある場合であって，本人の同意を得ることが困難であるとき」は，「あらかじめ本人の同意を得ないで，個人データを第三者に提供できる」とする規定を使えば，違法行為は発生しません。

6　施設経営と人権尊重の視点

【 事例演習⑥ 】

　Hさんは I 特別養護老人ホームの施設長に就任しました。日頃から，人権尊重を唱え，地域社会に信頼される施設運営をめざしています。施設職員にも人権尊重を指導しています。先日， I 施設のある市の老人施設協議会で施設長の人権尊重が議題となり，Hさんはコメンテーターの役割を与えられました。この場合，Hさんは具体的にどのようなことを人権尊重の視点から発言すればよいでしょうか。

　近年，社会福祉施設における人権侵害が数多く報道されています。具体的に

は，高齢者の身体的・性的・心理的虐待，財産の侵奪，プライバシーの侵害，名誉権の侵害などです。これらに共通なのは，サービス提供者である施設側が利用者に対していわゆる上からの目線で接していることです。現在の福祉は従来の「措置」から「契約」制度に変化しています。契約は，両当事者の対等関係を基盤に置きますが，施設長のなかにはいまだに措置の感覚が抜け切らず，上から目線で利用者に接している人も少なくありません。そこで，施設長は，人権の中核である「個人の尊厳」は誰もが同じ立場で尊重されることを認識する必要があります。

　そのために，以下のことを具体化する必要があります。第1は，施設側からのパターナリズム（父権主義・保護的干渉主義）の排除です。利用者の自己決定権を尊重し，利用者の意見を反映しやすい環境づくりをこころがけることが必要です。もちろん，このことはとても困難なことです。しかし，呼びすての禁止，幼児扱いの禁止，「さん」づけの実施，利用者との対話の尊重など，身近でできることを積み重ねていけばパターナリズムは徐々に改善されていきます。

　第2に，利用者の弱い人権保障に対する支援を考えることです。利用者は，常にこの施設を出されると生存にかかわる危機に直面するという恐怖に怯えています。いいたいこともいえず，我慢することも少なくありません。そこで，施設のなかに苦情処理のための機関を設けるなど，利用者の弱い立場からの表現の自由（憲法21条）を強化する制度の創設が必要です。苦情解決にあたっては，公正性を保つため第三者を入れるとか，判断能力の弱い利用者が理解し使用できるような工夫をするとか，家族やボランティアなどが代弁できるようにするなどの方法が考えられます。そして，なにより苦情を出すことが利用者の不利益にならないような環境づくりをすることが必要です。施設に対して弱い立場にある人たちの人権保障のためには，自立に必要な程度の援助を考えることが人権尊重につながります。

●知識チェックポイントの解答と説明●

| 1 | 9頁 |

1 ○ 日本国憲法の人権は，人間として当然有する権利としての固有性という性格をもつ。この人権の性格は国家の都合で否定されることはない。

2 × 社会における共生の重要性から，社会的に弱い立場にある人に対しては，自由を補い，個人の尊厳を保障するために，国家の支援を求める人権（社会権）が重要になっている。

3 × 自己実現にとって不可欠な人権は，思想・信条，宗教行為，あるいは言論・出版・集会などの精神活動の自由である。経済的自由は，共生社会実現のために合理的な理由で制約される。ゆえに精神的自由は経済的自由に優越する。

4 ○ 人間の幸せは自己決定できることであり，それが個人の尊厳保持の手段である。また，ソーシャルワーカーの倫理綱領の倫理基準や社会福祉関係法制度は自己決定権の尊重を制度目的にもっている。

5 × 公共の福祉や公序良俗に反しない限り，利用者の価値観や倫理観を尊重することが社会福祉士に求められる。

6 ○ 個人の尊厳にとって重要な自由を十分に活用できない利用者にとって，それを補うアドボカシーは利用者の実質的な自由権の保障に不可欠である。ゆえに，アドボカシーは，個人の尊厳保持に重要な役割を担う。

7 × 無意識領域への介入は，利用者の主体性や自立を損なう活動であり，利用者の個人の尊厳を損なう危険性がある。

8 × 自立支援は利用者の主体性を尊重し，社会の一員として生活する能力を支援するので個人の尊厳保持に必要である。それゆえ，利用者自らが主体的に問題を意識し解決できるように，社会資源の発掘・情報提供，あるいはソーシャルアクションなどを行うことは，利用者の個人の尊厳に適う。

9 × 社会福祉専門職は，利用者のADL（日常生活動作）のみならず，QOL（生活の質）の維持・向上を視野に入れた支援が必要である。

10 × 危機的状況にありながらも支援に否定的な利用者の個人の尊厳を守る手段として有効である。

1 ○　自由権は，18世紀の近代市民革命を契機として形成されたので，18世紀的基本権といわれる。

2 ○　日本国憲法の人権規定は，固有性，不可侵性，普遍性という近代以降の人権の性格を継承している。

3 ×　自由権は人権尊重の基軸である。生存権は，自由権を補足し，個人の尊厳を実現する役割を担っている。それゆえ，自立支援が社会福祉の重要な原則となっている。

4 ×　社会権（生存権）は，資本主義の矛盾である19世紀の貧困や失業を克服し，社会的に弱い立場の人が社会で共生できるようにするために20世紀に形成された。

5 ×　ドイツ・ワイマール憲法での生存権は，国家の政治的な努力目標としてのプログラム規定と解釈されていた。この考え方は，日本の生存権の解釈にも継承されている。

6 ○　ポツダム宣言10項の「言論，宗教及思想の自由並に基本的人権の尊重は，確立せらるべし」という規定に由来する。

7 ○　明治憲法の人権は，固有性をもっておらず，天皇の恩恵としての範囲でしか認められていなかった。それゆえ，天皇の名で，あるいは各種法律で容易に制約された。

8 ×　明治憲法27条に，所有権の保障規定があった。これは，近代憲法は初期において財産権の保障を重視したことに由来する。

9 ○　社会共同意識の強い地方農村部や日本の高度経済成長期を企業人として支えてきた高齢者は一般的に個人主義の思想が弱く，人権意識が希薄である。それだけに，社会福祉専門職には，人権保障の観点からアドボカシーの役割が重要となる。

10 ○　人権は私たちの個人の尊厳を守るために，人類の歴史を通して形成された。

1 ×　新しい人権を無制約に認めると，人権が乱立し，社会的混乱が生じるのみならず，個人の尊厳に必要な自由権など重要な人権の保障機能が弱まる。

2 ○　プライバシー権の本質は，「みだりに私生活を公開されない権利」であるが，情報社会の発展とともに，「自己に関する情報の閲覧・訂正」を国家に

求める権利も内容に含まれるようになった。

3 ○　裁判例（京都府学連事件）で，肖像権が認められた。

4 ○　指紋押捺は個人の私的な情報であり，プライバシー権の内容に含まれる。また，プライバシー権は，憲法13条の「幸福追求権」を根拠とする新しい人権である。

5 ×　裁判例では，人格権の1つとしての自己決定権は尊重されるとしている。

6 ×　個人情報保護法16条3項2号によりできる。

7 ○　個人情報保護法16条3項3号によりできる。

8 ×　個人情報保護法2条では，「個人情報」とは，生存する個人に関する情報であると規定されている。

9 ×　憲法25条を根拠とする環境権は裁判例で認められていない。

10 ○　知る権利は，情報の発信者と受け手とが対等でない場合，たとえば国と国民の場合，国民は情報の受け手のみの地位となり，本当に必要な情報を取得することが困難となる。これでは，自己実現を図ることが困難となるので，表現の自由（21条）を国民の側から構成し，国に対して情報を求める権利としたのが知る権利である。

11 ×　ケアマネジメントに関わるメンバーも共通認識をもつ必要があるので，アセスメントに関わる必要がある。

12 ×　明確な基準がないと利用者のプライバシー権を侵害することとなる。職務の専門性という基準は曖昧であり，人権侵害の危険性があるので，公開を拒むことはできない。

4　38頁

1 ×　利用者の人権は公共の福祉により制約されるので，支援者は利用者の人権と衝突する他人の人権の調整を考える必要がある。

2 ×　内心の自由（頭もしくは心のなかの自由）は，他人の人権と衝突しないので，いかなる理由があっても制約してはならない。

3 ×　一般市民の間での人権対立は，憲法の人権条項を直接適用しないで，民法の一般原則（公序良俗違反など）に置き換えて適用する間接適用説が裁判例である。

4 ○　公共の利益を曖昧なまま利用者の人権制約の理由に用いると，公共の利益が無条件で優先され，利用者の人権保障が弱くなる危険性がある。

5 ×　精神的自由は，経済的自由に優越する。また，内心の自由は，いかなる制約

も認められないが，表現の自由は厳格な基準により制約可能である。

6 × 精神的自由の1つである表現の自由の制約は，厳格な基準により，「必要最小限」の制約にすべきである。そこで，外出という表現行為を禁止するときは，時・場所・年齢・障害の程度・病気の状況などを個別具体的に判断する必要がある。

7 ○ 「その人らしい生活空間」が確保されているので，虐待にはあたらない。

8 × 利用者の行為から生じる害悪が明白かつ現実化していないまま，行動を制限することは，利用者の表現の自由を侵害し，自己実現を阻害する人権侵害行為である。

9 × 支援者である施設職員の人権と利用者の人権の調和を図ることが大切である。その際に，施設職員の人権を守るために，いかに必要最小限の人権制約を利用者に対して行うかという視点が必要である。

10 ○ 人権の制約は必要かつ最小限という視点が必要である。これを人権の性質に応じて検討する裁判を通してさまざまな基準が形成されてきた。

⑤ | 49頁

1 × 実質的平等の実現が必要。

2 × 法律の内容の平等も必要とされる。

3 × 14条に規定されたのは，歴史上差別が顕著であったものを例として規定しているのであり，これ以外の差別も認められない。

4 ○ この他，労働基準法では女性労働者の保護，所得税法の累進課税などが合理的な区分とされている。

5 ○ 日産自動車事件の裁判例では，このような場合は民法90条の公序良俗に反して，不合理な差別であるとしている。

6 ○ 合理的な区分を行うときは，それにより発生する他の人の人権や権利・利益の侵害を考え，社会的にバランスをとる必要がある。この視点を欠くと逆差別が顕在化する。

7 × 在留外国人は，人権の性質により日本人と異なる保障を受ける。

8 × 合理的な区分として認められる。

9 × 生活保護の金品は健康で文化的な生活を送るうえで最低限度のものであり，税金を賦課すると最低限度の生活を送ることができなくなってしまう。ここから，税金を賦課しないことは合理的な区分として法の下の平等に反しない。

10 ○　福祉の専門職には，一般人よりも重い責任を負わすのは合理的な区分である。

$$\boxed{6} \quad \boxed{60頁}$$

1 ×　明治憲法（27条）にも規定があった。

2 ×　成年後見の仕事は，身上看護として，施設利用契約，医療契約，介護契約，年金の手続きなど，財産管理として，売買契約の締結，不動産の処分，遺産分割，金融機関との取引などがある。しかし，食事や実際の介護は人権や権利の代弁（アドボカシー）の趣旨とは異なるので成年後見人の仕事に入らない。

3 ○　2の解説参照。この他に，財産管理として預貯金や実印・銀行印の管理，公共料金や税金の支払いなどがある。

4 ○　高齢者虐待防止法2条4項2号には「養護者又は高齢者の親族が当該高齢者の財産を不当に処分すること」を経済的虐待として規定している。孫は高齢者の親族にあたるので，孫による高齢者の年金搾取は高齢者虐待に該当する。なお，この文言は，経済的虐待は同居を問わず発生しているという事情から規定されたものである。

5 ×　高齢者の安全と養護者の支援を目的としている。

6 ×　守秘義務違反にはならない。ただし，過失によって通報したときは，守秘義務違反を問われることがある。

7 ×　財産権は，公共の福祉により制約されることがある。

8 ×　支援者は利用者の利益保護を最優先にすべきであり，通報は利用者の人権，権利・利益のために不可欠の制度なので，合理的な根拠をつかんで通報すべきである。

9 ×　成年被後見人が婚姻するには同意を必要としない（民法738条）。そもそも，婚姻については，財産の取引のような複雑な判断を必要としないことと，婚姻や離婚あるいは養子縁組のような身分行為については，他人の判断が介入することは個人の尊厳の見地から好ましくないことが理由である。

10 ○　その人らしい生活が継続的に侵害されていると虐待につながることが多い。そこで，その人らしい生活を阻害する経済的搾取の様子があるときには，見守りなどによる注意が必要である。

7 | 72〜73頁

1 × 生存権はプログラム規定なので，国に健康で文化的な最低限度の生活の実現する政治的な努力義務を課したに過ぎない。

2 × 外国人には生存権は保障されていない。ただし，定住外国人については，人道上の理由で日本人に準じた保護が行われている。

3 ○ 生存権は1919年のドイツ・ワイマール憲法ではじめて保障された。

4 × 生活保護受給権は生活保護の対象となっている人のみがもつことができる権利（一身専属権といいます）であり，相続の対象にならない。

5 ○ 朝日訴訟の裁判例で示された。

6 ○ 堀木訴訟の裁判例で示された。

7 ○ 国民は生活保護法を根拠に権利として生活保護を申請できる。

8 ○ 生活保護法1条に規定されている。

9 × 形式的な平等ではなく，個別具体的に判断し，実質的平等を求めている。また，生活困窮に陥った原因を一切問わないということである。

10 × 保護の補足性の原理とは，保護を受けるためには要保護者が自分のもっているすべての手段を尽くして，それでも最低限度の生活を維持できないときにはじめて保護を開始するという原理である。

8 | 83頁

1 × 裁判所は，少数者の人権を守る最後の砦の役割があるので，多数決を重視するのは好ましくない。

2 × 私たちの人権を守るため，憲法は，「法の支配」を採用している。そこで，利用者の人権を侵害する法である場合には，支援者は憲法違反を代弁することが必要である。

3 ○ 「特別法が一般法に優先する」というのが，法適用の原則である。

4 ○ 少年法1条には，「この法律は，少年の健全な育成を期し，非行のある少年に対して性格の矯正及び環境の調整に関する保護処分を行う」と規定されている。

5 × 触法少年への教育的配慮からアウトリーチを行うことが好ましい。

6 ○ 少年の人格を否定すると信頼関係が構築できないので受容的な態度は必要である。しかし，反社会的な行為については問題点を指摘し，ともに問題解決にむけて歩むという姿勢が必要である。

7 ○　家庭裁判所は，主として家庭事件の審判・調停ならびに少年保護事件の調査・審判を行う下級裁判所であり，地方裁判所と同じ地位にある。1948（昭和23）年に設置された。

8 ×　裁判を求めた国民の具体的な権利・利益が侵害される事件が発生していないので出訴できない。

9 ×　家族会は，「部分社会」であるので，裁判所の審査は原則として行われない。

10 ○　平成12年の改正で，処罰の対象年齢を16歳から14歳に引き下げるなどの厳罰化が図られた。

9 ｜ 95〜96頁

1 ○　社会福祉士は，この点をふまえて利用者の人権・権利擁護のためアドボカシーやソーシャルアクションなどを使い分ける必要がある。

2 ○　行政行為とは，通説的な解釈によると「行政庁が，法律の定めるところに従い，その一方的な判断に基づき，国民の権利義務その他の法的地位を具体的に決定する行為」をいう。これは，行政が行政目的を実現するためにつくられた行政独自の効力をもつ行為である。行政との契約や行政指導は行政が一方的に法的地位を具体的に定めるものではないので，行政行為に入らない。

3 ×　社会福祉主事が補助機関，民生委員は協力機関である。

4 ×　処分をしたものに対して行うことを，異議申立てといい，上級庁あるいは，第三者機関に不服申立てをすることを審査請求という。

5 ×　行政庁（福祉事務所長の上級庁）に行政不服申立てをする方が簡易迅速である。

6 ○　介護保険では，行政庁の専門性を尊重し，先に行政不服申立てを行うべきとする不服申立て前置主義が採用されている。

7 ×　過失という違法行為により利用者の権利・利益を侵害したときは，国家賠償を求めることができる。損失補償は，国（地方自治体を含む）の適法行為により，国民（住民）の財産権を侵害したときの，補填の制度である。

8 ×　国家賠償は，国（地方自治体を含む）に対して行うものであり，個別の公務員に対して行うものではない。

9 ○　生活保護法64条に規定されている。

10 ○　行政不服審査法は，不服申立てに関する一般的な規定を置いている。

1　×　現代社会の社会福祉は，利用者の障壁のない社会参加（ノーマライゼーション）の実現を目的としているので，支援は社会の多方面に及ぶ。したがって，自立は経済的自立や身体活動の自立のほか，精神活動の自立，地域活動の自立などさまざまなものがある。

2　×　利用者の自立した社会参加を目的とする社会福祉援助においては，利用者の行為の社会性が求められる。したがって，反社会的な行為，あるいは自傷行為については制限の原則が適用され，支援者（ソーシャルワーカーなど）が介入する場合がある。

3　○　積極的な相槌や質問など支援者が利用者を理解しようとする姿勢を示すと，さらに有効である。

4　×　利用者の社会参加を支援するインフォーマルな制度として，ボランティアは有意義であり，そのマンパワーとして傾聴ボランティアの育成が必要である。

5　×　社会福祉援助の目的が，利用者の自立であることから，セルフ・アドボカシーを実現するエンパワメント支援が必要である。

6　×　自己決定の尊重という社会福祉援助の原則から，父権主義的（パターナリズム）な支援は好ましくない。また，スティグマに留意しながら，説明責任を果たさなければならない。個人の尊厳の観点から知的障がい者を人権あるいは法制度の範囲外に置くことは好ましくない。

7　○　インテークの段階で，援助は開始されているので，支援者は人権を尊重した態度を示さなければならない。

8　○　社会福祉協議会は，地域福祉推進を担う中心的なフォーマルな組織である。それゆえ，地域の各方面に出向き，住民座談会の企画・実施や講演会・勉強会の企画・実施することは地域住民の人権保障の観点から好ましい。

9　○　施設利用の契約は基本的に利用者と施設側が対等な立場であることが前提である。しかし，現実には利用者は弱い立場にあり，表現行為の一環としての苦情を申立てて自分の思いを達成すること（自己実現）が困難である。そこで，表現行為が十分できない利用者を支援して，両者の対等性を確保し，もって利用者の自己実現を達成させる制度が苦情解決制度である。

10　×　人権保障は，形式面でなく，実質面から考える必要がある。実際に，利用者はサービス提供者に対して弱い立場にあり，また，待機者が多くいる福祉施設の現状を考えると苦情を申し出ることは難しい。これでは，表現の自由が

侵害され，自己実現が図れない。そこで，フォーマルな制度としての苦情解決システムは有意義である。

11 ○ 情緒によるサポートは有効である。ただし，精神的な疾患のある利用者に激励することについては，注意が必要である。

12 ○ 日本国憲法の通説的な解釈として，「人間の尊厳」，「個人の尊厳」，「個人の尊重」は同じ意味と考えている。そこで，人間の尊厳とは，「その人らしさ」の最大の尊重と考え，自由権，自己決定権，平等権などの人権の尊重を図ることを意味すると考えるのが妥当である。

13 × 社会福祉士及び介護福祉士法46条は，社会福祉士の守秘義務を規定している。業務を退いた後も守秘義務を負うと考えられている。

14 × ソーシャルワーカーの倫理綱領の原理Ⅲ（社会正義）で，「ソーシャルワーカーは，差別，貧困，抑圧，排除，無関心，暴力，環境破壊などの無い，自由，平等，共生に基づく社会正義の実現をめざす」と規定されている。

15 ○ 専門職としての倫理責任7項で規定されている。

16 × 認知症の症状の安定には本人の好みを活用するのがよい。

17 × この型の改善はきわめて困難であるという現実から，症状の安定と心安らかな生活環境の実現を目指した支援が必要である。

18 ○ 末期がんのケアでは，トータルペインの緩和が目標である。このなかに，精神的苦痛の緩和も含まれることから，主治医には患者とのコミュニケーションを重視する姿勢が求められる。

19 ○ 人格権は生活に関する利益を含み，看取りは生活に関する利益であるから当然に人格権の侵害にあたる。

20 × 利用者の尊厳が損なわれ易い介護をするときは，尊厳を保つ態度で接することが必要である。それゆえ，優しい声かけは重要となる。

11 ｜ 127頁

1 × 自己決定の尊重が福祉サービスの質に影響するので自己決定権の尊重が必要である。

2 × 施設側と利用者では，意思（判断）能力の対等性が確保できないときがある。そこで，利用者を対等な契約の相手とするために施設側は，苦情を出し易い環境を整備することが求められる。

3 ○ 要望レベル，請求レベルの苦情にはリスク回避の重要な情報が含まれる。

4 × 著しい問題行動の場合には，他の利用者の人権保障の観点からの施設の利用

を断ることができる。しかし，ハラスメントの程度や施設の社会的な役割を十分考慮する必要がある。

5　×　私たちの社会一般に，トラブルはどこでも発生する。過度な対応は人間関係を悪化させ，社会の一員として暮らし難くする。それゆえ，徹底究明は好ましい手段ではない。しかし，生命や身体の安全に影響があるときは，トラブルの原因を徹底究明すべき場合もある。

6　×　利用者との信頼関係にもよるが，一般的な言葉として利用者に用いるのは正しくない。「○○さん」と呼ぶのが妥当である。

7　×　情報が不足すると，利用者の行動を十分理解できないことがあるので，アセスメントの段階では，家族から情報を収集する必要がある。

8　○　本人，家族のプライバシー権には十分な配慮が必要である。

9　×　人間は感情に基づいて行動するので，個人の尊厳の見地から，名誉感情も人格権のなかに含めるのが妥当である。

10　×　自立には残存能力を活用することも重要であり，この方法は，パワーレス（力を失う）を防ぎ，自らの力によって生きていく意欲を高めるというメリットがある。

日 本 国 憲 法

（1946年11月3日公布）
（1947年5月3日施行）

朕は，日本国民の総意に基いて，新日本建設の礎が，定まるに至つたことを，深くよろこび，枢密顧問の諮詢及び帝国憲法第73条による帝国議会の議決を経た帝国憲法の改正を裁可し，ここにこれを公布せしめる。

　御 名 御 璽

　　昭和21年11月3日

内閣総理大臣兼
外　務　大　臣　　　　吉　田　　茂
国　務　大　臣　男爵　幣原喜重郎
司　法　大　臣　　　　木村篤太郎
内　務　大　臣　　　　大村清一
文　部　大　臣　　　　田中耕太郎
農　林　大　臣　　　　和田博雄
国　務　大　臣　　　　斎藤隆夫
逓　信　大　臣　　　　一松定吉
商　工　大　臣　　　　星島二郎
厚　生　大　臣　　　　河合良成
国　務　大　臣　　　　植原悦二郎
運　輸　大　臣　　　　平塚常次郎
大　蔵　大　臣　　　　石橋湛山
国　務　大　臣　　　　金森徳次郎
国　務　大　臣　　　　膳　桂之助

　　日 本 国 憲 法

日本国民は，正当に選挙された国会における代表者を通じて行動し，われらとわれらの子孫のために，諸国民との協和による成果と，わが国全土にわたつて自由のもたらす恵沢を確保し，政府の行為によつて再び戦争の惨禍が起ることのないやうにすることを決意し，ここに主権が国民に存することを宣言し，この憲法を確定する。そもそも国政は，国民の厳粛な信託によるものであつて，その権威は国民に由来し，その権力は国民の代表者がこれを行使し，その福利は国民がこれを享受する。これは人類普遍の原理であり，この憲法は，かかる原理に基くものである。われらは，これに反する一切の憲法，法令及び詔勅を排除する。

日本国民は，恒久の平和を念願し，人間相互の関係を支配する崇高な理想を深く自覚するのであつて，平和を愛する諸国民の公正と信義に信頼して，われらの安全と生存を保持しようと決意した。われらは，平和を維持し，専制と隷従，圧迫と偏狭を地上から永遠に除去しようと努めてゐる国際社会において，名誉ある地位を占めたいと思ふ。われらは，全世界の国民が，ひとしく恐怖と欠乏から免かれ，平和のうちに生存する権利を有することを確認する。

われらは，いづれの国家も，自国のことのみに専念して他国を無視してはならないのであつて，政治道徳の法則は，普遍的なものであり，この法則に従ふことは，自国の主権を維持し，他国と対等関係に立たうとする各国の責務であると信ずる。

日本国民は，国家の名誉にかけ，全力をあげてこの崇高な理想と目的を達成することを誓ふ。

第1章　天　皇

第1条〔天皇の地位，国民主権〕　天皇は，日本国の象徴であり日本国民統合の象徴であつて，この地位は，主権の存する日本国民の総意に基く。

第2条〔皇位の継承〕　皇位は，世襲のものであつて，国会の議決した皇室典範の定めるところにより，これを継承する。

第3条〔天皇の国事行為に対する内閣の助言と承認〕　天皇の国事に関するすべての行為には，内閣の助言と承認を必要とし，

内閣が、その責任を負ふ。

第4条〔天皇の権能の限界・天皇の国事行為の委任〕　①　天皇は、この憲法の定める国事に関する行為のみを行ひ、国政に関する権能を有しない。

②　天皇は、法律の定めるところにより、その国事に関する行為を委任することができる。

第5条〔摂政〕　皇室典範の定めるところにより摂政を置くときは、摂政は、天皇の名でその国事に関する行為を行ふ。この場合には、前条第1項の規定を準用する。

第6条〔天皇の任命権〕　①　天皇は、国会の指名に基いて、内閣総理大臣を任命する。

②　天皇は、内閣の指名に基いて、最高裁判所の長たる裁判官を任命する。

第7条〔天皇の国事行為〕　　天皇は、内閣の助言と承認により、国民のために、左の国事に関する行為を行ふ。

　1　憲法改正、法律、政令及び条約を公布すること。

　2　国会を召集すること。

　3　衆議院を解散すること。

　4　国会議員の総選挙の施行を公示すること。

　5　国務大臣及び法律の定めるその他の官吏の任免並びに全権委任状及び大使及び公使の信任状を認証すること。

　6　大赦、特赦、減刑、刑の執行の免除及び復権を認証すること。

　7　栄典を授与すること。

　8　批准書及び法律の定めるその他の外交文書を認証すること。

　9　外国の大使及び公使を接受すること。

　10　儀式を行ふこと。

第8条〔皇室の財産授受〕　　皇室に財産を譲り渡し、又は皇室が、財産を譲り受け、若しくは賜与することは、国会の議決に基かなければならない。

第2章　戦争の放棄

第9条〔戦争の放棄、軍備及び交戦権の否認〕　①　日本国民は、正義と秩序を基調とする国際平和を誠実に希求し、国権の発動たる戦争と、武力による威嚇又は武力の行使は、国際紛争を解決する手段としては、永久にこれを放棄する。

②　前項の目的を達するため、陸海空軍その他の戦力は、これを保持しない。国の交戦権は、これを認めない。

第3章　国民の権利及び義務

第10条〔国民の要件〕　　日本国民たる要件は、法律でこれを定める。

第11条〔基本的人権の享有〕　　国民は、すべての基本的人権の享有を妨げられない。この憲法が国民に保障する基本的人権は、侵すことのできない永久の権利として、現在及び将来の国民に与へられる。

第12条〔自由・権利の保持の責任とその濫用の禁止〕　　この憲法が国民に保障する自由及び権利は、国民の不断の努力によつて、これを保持しなければならない。又、国民は、これを濫用してはならないのであつて、常に公共の福祉のためにこれを利用する責任を負ふ。

第13条〔個人の尊重、生命・自由・幸福追求の権利の尊重〕　　すべて国民は、個人として尊重される。生命、自由及び幸福追求に対する国民の権利については、公共の福祉に反しない限り、立法その他の国政の上で、最大の尊重を必要とする。

第14条〔法の下の平等、貴族制度の否認、栄典〕　①　すべて国民は、法の下に平等であつて、人種、信条、性別、社会的身分又は門地により、政治的、経済的又は社会的関係において、差別されない。

②　華族その他の貴族の制度は、これを認め

③ 栄誉，勲章その他の栄典の授与は，いかなる特権も伴はない。栄典の授与は，現にこれを有し，又は将来これを受ける者の一代に限り，その効力を有する。

第15条〔公務員の選定及び罷免権，公務員の本質，普通選挙・秘密投票の保障〕

① 公務員を選定し，及びこれを罷免することは，国民固有の権利である。

② すべて公務員は，全体の奉仕者であつて，一部の奉仕者ではない。

③ 公務員の選挙については，成年者による普通選挙を保障する。

④ すべて選挙における投票の秘密は，これを侵してはならない。選挙人は，その選択に関し公的にも私的にも責任を問はれない。

第16条〔請願権〕 何人も，損害の救済，公務員の罷免，法律，命令又は規則の制定，廃止又は改正その他の事項に関し，平穏に請願する権利を有し，何人も，かかる請願をしたためにいかなる差別待遇も受けない。

第17条〔国及び公共団体の賠償責任〕 何人も，公務員の不法行為により，損害を受けたときは，法律の定めるところにより，国又は公共団体に，その賠償を求めることができる。

第18条〔奴隷的拘束及び苦役からの自由〕何人も，いかなる奴隷的拘束も受けない。又，犯罪に因る処罰の場合を除いては，その意に反する苦役に服させられない。

第19条〔思想及び良心の自由〕 思想及び良心の自由は，これを侵してはならない。

第20条〔信教の自由，国の宗教活動の禁止〕 ① 信教の自由は，何人に対してもこれを保障する。いかなる宗教団体も，国から特権を受け，又は政治上の権力を行使してはならない。

② 何人も，宗教上の行為，祝典，儀式又は行事に参加することを強制されない。

③ 国及びその機関は，宗教教育その他いかなる宗教的活動もしてはならない。

第21条〔集会・結社・表現の自由，検閲の禁止，通信の秘密〕 ① 集会，結社及び言論，出版その他一切の表現の自由は，これを保障する。

② 検閲は，これをしてはならない。通信の秘密は，これを侵してはならない。

第22条〔居住・移転及び職業選択の自由，外国移住・国籍離脱の自由〕 ① 何人も，公共の福祉に反しない限り，居住，移転及び職業選択の自由を有する。

② 何人も，外国に移住し，又は国籍を離脱する自由を侵されない。

第23条〔学問の自由〕 学問の自由は，これを保障する。

第24条〔家庭生活における個人の尊厳と両性の平等〕 ① 婚姻は，両性の合意のみに基いて成立し，夫婦が同等の権利を有することを基本として，相互の協力により，維持されなければならない。

② 配偶者の選択，財産権，相続，住居の選定，離婚並びに婚姻及び家族に関するその他の事項に関しては，法律は，個人の尊厳と両性の本質的平等に立脚して，制定されなければならない。

第25条〔生存権，国の社会的使命〕

① すべて国民は，健康で文化的な最低限度の生活を営む権利を有する。

② 国は，すべての生活部面について，社会福祉，社会保障及び公衆衛生の向上及び増進に努めなければならない。

第26条〔教育を受ける権利，教育を受けさせる義務，義務教育の無償〕 ① すべて国民は，法律の定めるところにより，その能力に応じて，ひとしく教育を受ける権利を有する。

② すべて国民は，法律の定めるところにより，その保護する子女に普通教育を受けさせる義務を負ふ。義務教育は，これを無償とする。

第27条〔勤労の権利及び義務，勤労条件の基準，児童酷使の禁止〕　①　すべて国民は，勤労の権利を有し，義務を負ふ。

②　賃金，就業時間，休息その他の勤労条件に関する基準は，法律でこれを定める。

③　児童は，これを酷使してはならない。

第28条〔勤労者の団結権・団体交渉権その他の団体行動権〕　勤労者の団結する権利及び団体交渉その他の団体行動をする権利は，これを保障する。

第29条〔財産権〕　①　財産権は，これを侵してはならない。

②　財産権の内容は，公共の福祉に適合するやうに，法律でこれを定める。

③　私有財産は，正当な補償の下に，これを公共のために用ひることができる。

第30条〔納税の義務〕　国民は，法律の定めるところにより，納税の義務を負ふ。

第31条〔法定手続の保障〕　何人も，法律の定める手続によらなければ，その生命若しくは自由を奪はれ，又はその他の刑罰を科せられない。

第32条〔裁判を受ける権利〕　何人も，裁判所において裁判を受ける権利を奪はれない。

第33条〔逮捕の要件〕　何人も，現行犯として逮捕される場合を除いては，権限を有する司法官憲が発し，且つ理由となつてゐる犯罪を明示する令状によらなければ，逮捕されない。

第34条〔抑留，拘禁の要件，不法拘禁に対する保障〕　何人も，理由を直ちに告げられ，且つ，直ちに弁護人に依頼する権利を与へられなければ，抑留又は拘禁されない。又，何人も，正当な理由がなければ，拘禁されず，要求があれば，その理由は，直ちに本人及びその弁護人の出席する公開の法廷で示されなければならない。

第35条〔住居侵入・捜索・押収に対する保障〕　①　何人も，その住居，書類及び所持品について，侵入，捜索及び押収を受けることのない権利は，第33条の場合を除いては，正当な理由に基いて発せられ，且つ捜索する場所及び押収する物を明示する令状がなければ，侵されない。

②　捜索又は押収は，権限を有する司法官憲が発する各別の令状により，これを行ふ。

第36条〔拷問及び残虐刑の禁止〕　公務員による拷問及び残虐な刑罰は，絶対にこれを禁ずる。

第37条〔刑事被告人の権利〕　①　すべて刑事事件においては，被告人は，公平な裁判所の迅速な公開裁判を受ける権利を有する。

②　刑事被告人は，すべての証人に対して審問する機会を充分に与へられ，又，公費で自己のために強制的手続により証人を求める権利を有する。

③　刑事被告人は，いかなる場合にも，資格を有する弁護人を依頼することができる。被告人が自らこれを依頼することができないときは，国でこれを附する。

第38条〔自己に不利益な供述の強要禁止，自白の証拠能力〕　①　何人も，自己に不利益な供述を強要されない。

②　強制，拷問若しくは脅迫による自白又は不当に長く拘留若しくは拘禁された後の自白は，これを証拠とすることができない。

③　何人も，自己に不利益な唯一の証拠が本人の自白である場合には，有罪とされ，又は刑罰を科せられない。

第39条〔遡及処罰の禁止，一事不再理〕　何人も，実行の時に適法であつた行為又は既に無罪とされた行為については，刑事上の責任を問はれない。又，同一の犯罪について，重ねて刑事上の責任を問はれない。

第40条〔刑事補償〕　何人も，抑留又は拘禁された後，無罪の裁判を受けたときは，法律の定めるところにより，国にその補償を求めることができる。

第4章 国 会

第41条〔国会の地位，立法権〕 国会は，国権の最高機関であつて，国の唯一の立法機関である。

第42条〔両院制〕 国会は，衆議院及び参議院の両議院でこれを構成する。

第43条〔両議院の組織〕 ① 両議院は，全国民を代表する選挙された議員でこれを組織する。

② 両議院の議員の定数は，法律でこれを定める。

第44条〔議員及び選挙人の資格〕 両議院の議員及びその選挙人の資格は，法律でこれを定める。但し，人種，信条，性別，社会的身分，門地，教育，財産又は収入によつて差別してはならない。

第45条〔衆議院議員の任期〕 衆議院議員の任期は，4年とする。但し，衆議院解散の場合には，その期間満了前に終了する。

第46条〔参議院議員の任期〕 参議院議員の任期は，6年とし，3年ごとに議員の半数を改選する。

第47条〔選挙に関する事項の法定〕 選挙区，投票の方法その他両議院の議員の選挙に関する事項は，法律でこれを定める。

第48条〔両院議員兼職の禁止〕 何人も，同時に両議院の議員たることはできない。

第49条〔議員の歳費〕 両議院の議員は，法律の定めるところにより，国庫から相当額の歳費を受ける。

第50条〔議員の不逮捕特権〕 両議院の議員は，法律の定める場合を除いては，国会の会期中逮捕されず，会期前に逮捕された議員は，その議院の要求があれば，会期中これを釈放しなければならない。

第51条〔議員の発言・表決の無責任〕 両議院の議員は，議院で行つた演説，討論又は表決について，院外で責任を問はれない。

第52条〔常会〕 国会の常会は，毎年1回これを召集する。

第53条〔臨時会〕 内閣は，国会の臨時会の召集を決定することができる。いづれかの議院の総議員の4分の1以上の要求があれば，内閣は，その召集を決定しなければならない。

第54条〔衆議院の解散，特別会，参議院の緊急集会〕 ① 衆議院が解散されたときは，解散の日から40日以内に，衆議院議員の総選挙を行ひ，その選挙の日から30日以内に，国会を召集しなければならない。

② 衆議院が解散されたときは，参議院は，同時に閉会となる。但し，内閣は，国に緊急の必要があるときは，参議院の緊急集会を求めることができる。

③ 前項但書の緊急集会において採られた措置は，臨時のものであつて，次の国会開会の後10日以内に，衆議院の同意がない場合には，その効力を失ふ。

第55条〔議員の資格争訟〕 両議院は，各〻その議員の資格に関する争訟を裁判する。但し，議員の議席を失はせるには，出席議員の3分の2以上の多数による議決を必要とする。

第56条〔議事議決の定足数・表決〕

① 両議院は，各〻その総議員の3分の1以上の出席がなければ，議事を開き議決することができない。

② 両議院の議事は，この憲法に特別の定のある場合を除いては，出席議員の過半数でこれを決し，可否同数のときは，議長の決するところによる。

第57条〔会議の公開・会議の記録・表決の会議録への記載〕 ① 両議院の会議は，公開とする。但し，出席議員の3分の2以上の多数で議決したときは，秘密会を開くことができる。

② 両議院は，各〻その会議の記録を保存し，秘密会の記録の中で特に秘密を要すると認められるもの以外は，これを公表し，

且つ一般に頒布しなければならない。

③　出席議員の５分の１以上の要求があれ
ば，各議員の表決は，これを会議録に記載
しなければならない。

第58条〔議長等の選任・議院の自律権〕

①　両議院は，各〻その議長その他の役員を
選任する。

②　両議院は，各〻その会議その他の手続及
び内部の規律に関する規則を定め，又，院
内の秩序をみだした議員を懲罰することが
できる。但し，議員を除名するには，出席
議員の３分の２以上の多数による議決を必
要とする。

第59条〔法律案の議決・衆議院の優越〕

①　法律案は，この憲法に特別の定のある場
合を除いては，両議院で可決したとき法律
となる。

②　衆議院で可決し，参議院でこれと異なつ
た議決をした法律案は，衆議院で出席議員
の３分の２以上の多数で再び可決したとき
は，法律となる。

③　前項の規定は，法律の定めるところによ
り，衆議院が，両議院の協議会を開くこと
を求めることを妨げない。

④　参議院が，衆議院の可決した法律案を受
け取つた後，国会休会中の期間を除いて60
日以内に，議決しないときは，衆議院は，
参議院がその法律案を否決したものとみな
すことができる。

第60条〔衆議院の予算先議・予算決に関す
る衆議院の優越〕　①　予算は，さきに
衆議院に提出しなければならない。

②　予算について，参議院で衆議院と異なつ
た議決をした場合に，法律の定めるところ
により，両議院の協議会を開いても意見が
一致しないとき，又は参議院が，衆議院の
可決した予算を受け取つた後，国会休会中
の期間を除いて30日以内に，議決しないと
きは，衆議院の議決を国会の議決とする。

第61条〔条約の国会承認・衆議院の優越〕条
約の締結に必要な国会の承認については，

前条第２項の規定を準用する。

第62条〔議院の国政調査権〕　　両議院は，
各〻国政に関する調査を行ひ，これに関し
て，証人の出頭及び証言並びに記録の提出
を要求することができる。

第63条〔国務大臣の議院出席の権利と義務〕
内閣総理大臣その他の国務大臣は，両議院
の１に議席を有すると有しないとにかかは
らず，何時でも議案について発言するため
議院に出席することができる。又，答弁又
は説明のため出席を求められたときは，出
席しなければならない。

第64条〔弾劾裁判所〕　①　国会は，罷免
の訴追を受けた裁判官を裁判するため，両
議院の議員で組織する弾劾裁判所を設け
る。

②　弾劾に関する事項は，法律でこれを定め
る。

第５章　内　閣

第65条〔行政権〕　　行政権は，内閣に属す
る。

第66条〔内閣の組織・国会に対する連帯責
任〕　①　内閣は，法律の定めるところ
により，その首長たる内閣総理大臣及びそ
の他の国務大臣でこれを組織する。

②　内閣総理大臣その他の国務大臣は，文民
でなければならない。

③　内閣は，行政権の行使について，国会に
対し連帯して責任を負ふ。

第67条〔内閣総理大臣の指名・衆議院の優
越〕　①　内閣総理大臣は，国会議員の
中から国会の議決で，これを指名する。こ
の指名は，他のすべての案件に先だつて，
これを行ふ。

②　衆議院と参議院とが異なつた指名の議決
をした場合に，法律の定めるところによ
り，両議院の協議会を開いても意見が一致
しないとき，又は衆議院が指名の議決をし
た後，国会休会中の期間を除いて10日以内

に，参議院が，指名の議決をしないとき
は，衆議院の議決を国会の議決とする。

第68条〔国務大臣の任命及び罷免〕

① 内閣総理大臣は，国務大臣を任命する。
但し，その過半数は，国会議員の中から選
ばれなければならない。

② 内閣総理大臣は，任意に国務大臣を罷免
することができる。

第69条〔衆議院の内閣不信任〕　内閣は，
衆議院で不信任の決議案を可決し，又は信
任の決議案を否決したときは，10日以内に
衆議院が解散されない限り，総辞職をしな
ければならない。

第70条〔内閣総理大臣の欠缺・総選挙後の総
辞職〕　内閣総理大臣が欠けたとき，又
は衆議院議員総選挙の後に初めて国会の召
集があつたときは，内閣は，総辞職をしな
ければならない。

第71条〔総辞職後の内閣の職務〕　前2条
の場合には，内閣は，あらたに内閣総理大
臣が任命されるまで引き続きその職務を行
ふ。

第72条〔内閣総理大臣の職権〕　内閣総理
大臣は，内閣を代表して議案を国会に提出
し，一般国務及び外交関係について国会に
報告し，並びに行政各部を指揮監督する。

第73条〔内閣の職権〕　内閣は，他の一般
行政事務の外，左の事務を行ふ。

　1　法律を誠実に執行し，国務を総理する
　　こと

　2　外交関係を処理すること。

　3　条約を締結すること。但し，事前に，
　　時宜によつては事後に，国会の承認を経
　　ることを必要とする。

　4　法律の定める基準に従ひ，官吏に関す
　　る事務を掌理すること。

　5　予算を作成して国会に提出すること。

　6　この憲法及び法律の規定を実施するた
　　めに，政令を制定すること。但し，政令
　　には，特にその法律の委任がある場合を
　　除いては，罰則を設けることができな

い。

　7　大赦，特赦，減刑，刑の執行の免除及
　　び復権を決定すること。

第74条〔法律・政令の署名〕　法律及び政
令には，すべて主任の国務大臣が署名し，
内閣総理大臣が連署することを必要とす
る。

第75条〔国務大臣の訴追〕　国務大臣は，
その在任中，内閣総理大臣の同意がなけれ
ば，訴追されない。但し，これがため，訴
追の権利は，害されない。

第6章　司　法

第76条〔司法権，特別裁判所の禁止，裁判官
の職務の独立〕　①　すべて司法権は，
最高裁判所及び法律の定めるところにより
設置する下級裁判所に属する。

② 特別裁判所は，これを設置することがで
きない。行政機関は，終審として裁判を行
ふことができない。

③ すべて裁判官は，その良心に従ひ独立し
てその職権を行ひ，この憲法及び法律にの
み拘束される。

第77条〔最高裁判所の規則制定権〕

① 最高裁判所は，訴訟に関する手続，弁護
士，裁判所の内部規律及び司法事務処理に
関する事項について，規則を定める権限を
有する。

② 検察官は，最高裁判所の定める規則に従
はなければならない。

③ 最高裁判所は，下級裁判所に関する規則
を定める権限を，下級裁判所に委任するこ
とができる。

第78条〔裁判官の身分の保障〕　裁判官
は，裁判により，心身の故障のために職務
を執ることができないと決定された場合を
除いては，公の弾劾によらなければ罷免さ
れない。裁判官の懲戒処分は，行政機関が
これを行ふことはできない。

第79条〔最高裁判所の裁判官・国民審査〕

① 最高裁判所は，その長たる裁判官及び法律の定める員数のその他の裁判官でこれを構成し，その長たる裁判官以外の裁判官は，内閣でこれを任命する。

② 最高裁判所の裁判官の任命は，その任命後初めて行はれる衆議院議員総選挙の際国民の審査に付し，その後10年を経過した後初めて行はれる衆議院議員総選挙の際更に審査に付し，その後も同様とする。

③ 前項の場合において，投票者の多数が裁判官の罷免を可とするときは，その裁判官は，罷免される。

④ 審査に関する事項は，法律でこれを定める。

⑤ 最高裁判所の裁判官は，法律の定める年齢に達した時に退官する。

⑥ 最高裁判所の裁判官は，すべて定期に相当額の報酬を受ける。この報酬は，在任中，これを減額することができない。

第80条〔下級裁判所の裁判官〕　① 下級裁判所の裁判官は，最高裁判所の指名した者の名簿によつて，内閣でこれを任命する。その裁判官は，任期を10年とし，再任されることができる。但し，法律の定める年齢に達した時には退官する。

② 下級裁判所の裁判官は，すべて定期に相当額の報酬を受ける。この報酬は，在任中，これを減額することができない。

第81条〔最高裁判所の法令等審査権〕　最高裁判所は，一切の法律，命令，規則又は処分が憲法に適合するかしないかを決定する権限を有する終審裁判所である。

第82条〔裁判の公開〕　① 裁判の対審及び判決は，公開法廷でこれを行ふ。

② 裁判所が，裁判官の全員一致で，公の秩序又は善良の風俗を害する虞があると決した場合には，対審は，公開しないでこれを行ふことができる。但し，政治犯罪，出版に関する犯罪又はこの憲法第3章で保障する国民の権利が問題となつてゐる事件の対審は，常にこれを公開しなければならない。

い。

第7章　財　政

第83条〔財政処理の基本原則〕　国の財政を処理する権限は，国会の議決に基いて，これを行使しなければならない。

第84条〔課税の要件〕　あらたに租税を課し，又は現行の租税を変更するには，法律又は法律の定める条件によることを必要とする。

第85条〔国費の支出及び債務負担〕　国費を支出し，又は国が債務を負担するには，国会の議決に基くことを必要とする。

第86条〔予算〕　内閣は，毎会計年度の予算を作成し，国会に提出して，その審議を受け議決を経なければならない。

第87条〔予備費〕　① 予見し難い予算の不足に充てるため，国会の議決に基いて予備費を設け，内閣の責任でこれを支出することができる。

② すべて予備費の支出については，内閣は，事後に国会の承諾を得なければならない。

第88条〔皇室財産，皇室の費用〕すべて皇室財産は，国に属する。すべて皇室の費用は，予算に計上して国会の議決を経なければならない。

第89条〔公の財産の支出又は利用の制限〕公金その他の公の財産は，宗教上の組織若しくは団体の使用，便益若しくは維持のため，又は公の支配に属しない慈善，教育若しくは博愛の事業に対し，これを支出し，又はその利用に供してはならない。

第90条〔決算審査・会計検査院〕

① 国の収入支出の決算は，すべて毎年会計検査院がこれを検査し，内閣は，次の年度に，その検査報告とともに，これを国会に提出しなければならない。

② 会計検査院の組織及び権限は，法律でこれを定める。

第91条〔財政状況の報告〕内閣は，国会及び
国民に対し，定期に，少くとも毎年１回，
国の財政状況について報告しなければなら
ない。

第8章　地方自治

第92条〔地方自治の基本原則〕　地方公共
団体の組織及び運営に関する事項は，地方
自治の本旨に基いて，法律でこれを定め
る。

第93条〔地方公共団体の機関とその直接選
挙〕　①　地方公共団体には，法律の定
めるところにより，その議事機関として議
会を設置する。

②　地方公共団体の長，その議会の議員及び
法律の定めるその他の吏員は，その地方公
共団体の住民が，直接これを選挙する。

第94条〔地方公共団体の権能〕　地方公共
団体は，その財産を管理し，事務を処理
し，及び行政を執行する権能を有し，法律
の範囲内で条例を制定することができる。

第95条〔１の地方公共団体のみに適用される
特別法〕　１の地方公共団体のみに適用
される特別法は，法律の定めるところによ
り，その地方公共団体の住民の投票におい
てその過半数の同意を得なければ，国会
は，これを制定することができない。

第9章　改　正

第96条〔憲法改正の手続・憲法改正の公布〕

①　この憲法の改正は，各議院の総議員の３
分の２以上の賛成で，国会が，これを発議
し，国民に提案してその承認を経なければ
ならない。この承認には，特別の国民投票
又は国会の定める選挙の際行はれる投票に
おいて，その過半数の賛成を必要とする。

②　憲法改正について前項の承認を経たとき
は，天皇は，国民の名で，この憲法と一体
を成すものとして，直ちにこれを公布す

る。

第10章　最高法規

第97条〔基本的人権の本質〕　　この憲法が
日本国民に保障する基本的人権は，人類の
多年にわたる自由獲得の努力の成果であつ
て，これらの権利は，過去幾多の試錬に堪
へ，現在及び将来の国民に対し，侵すこと
のできない永久の権利として信託されたも
のである。

第98条〔憲法の最高法規性，条約・国際法規
の遵守〕　①　この憲法は，国の最高法
規であつて，その条規に反する法律，命
令，詔勅及び国務に関するその他の行為の
全部又は一部は，その効力を有しない。

②　日本国が締結した条約及び確立された国
際法規は，これを誠実に遵守することを必
要とする。

第99条〔憲法尊重擁護の義務〕　　天皇又は
摂政及び国務大臣，国会議員，裁判官その
他の公務員は，この憲法を尊重し擁護する
義務を負ふ。

第11章　補　則

第100条〔憲法の施行期日・準備手続〕

①　この憲法は，公布の日から起算して６箇
月を経過した日から，これを施行する。

②　この憲法を施行するために必要な法律の
制定，参議院議員の選挙及び国会召集の手
続並びにこの憲法を施行するために必要な
準備手続は，前項の期日よりも前に，これ
を行ふことができる。

第101条〔経過規定〕　　この憲法施行の際，
参議院がまだ成立してゐないときは，その
成立するまでの間，衆議院は，国会として
の権限を行ふ。

第102条〔同前〕　　この憲法による第１期の
参議院議員のうち，その半数の者の任期
は，これを３年とする。その議員は，法律

の定めるところにより，これを定める。

第103条〔同前〕　この憲法施行の際現に在職する国務大臣，衆議院議員及び裁判官並びにその他の公務員で，その地位に相応する地位がこの憲法で認められてゐる者は，法律で特別の定をした場合を除いては，この憲法施行のため，当然にはその地位を失ふことはない。但し，この憲法によつて，後任者が選挙又は任命されたときは，当然その地位を失ふ。

ソーシャルワーカーの倫理綱領

社会福祉専門職団体協議会代表者会議
2005年1月27日制定
日本ソーシャルワーカー連盟代表者会議
2020年6月2日改定

前　文

　われわれソーシャルワーカーは，すべての人が人間としての尊厳を有し，価値ある存在であり，平等であることを深く認識する。われわれは平和を擁護し，社会正義，人権，集団的責任，多様性尊重および全人的存在の原理に則り，人々がつながりを実感できる社会への変革と社会的包摂の実現をめざす専門職であり，多様な人々や組織と協働することを言明する。

　われわれは，社会システムおよび自然的・地理的環境と人々の生活が相互に関連していることに着目する。社会変動が環境破壊および人間疎外をもたらしている状況にあって，この専門職が社会にとって不可欠であることを自覚するとともに，ソーシャルワーカーの職責についての一般社会および市民の理解を深め，その啓発に努める。

　われわれは，われわれの加盟する国際ソーシャルワーカー連盟と国際ソーシャルワーク教育学校連盟が採択した，次の「ソーシャルワーク専門職のグローバル定義」（2014年7月）を，ソーシャルワーク実践の基盤となるものとして認識し，その実践の拠り所とする。

〈ソーシャルワーク専門職のグローバル定義〉

ソーシャルワークは，社会変革と社会開発，社会的結束，および人々のエンパワメントと解放を促進する，実践に基づいた専門職であり学問である。社会正義，人権，集団的責任，および多様性尊重の諸原理は，ソーシャルワークの中核をなす。ソーシャルワークの理論，社会科学，人文学，および地域・民族固有の知を基盤として，ソーシャルワークは，生活課題に取り組みウェルビーイングを高めるよう，人々やさまざまな構造に働きかける。

この定義は，各国および世界の各地域で展開してもよい。（IFSW;2014.7）※注1

われわれは，ソーシャルワークの知識，技術の専門性と倫理性の維持，向上が専門職の責務であることを認識し，本綱領を制定してこれを遵守することを誓約する。

原　理

Ⅰ（人間の尊厳）　ソーシャルワーカーは，すべての人々を，出自，人種，民族，国籍，性別，性自認，性的指向，年齢，身体的精神的状況，宗教的文化的背景，社会的地位，経済状況などの違いにかかわらず，かけがえのない存在として尊重する。

Ⅱ（人権）　ソーシャルワーカーは，すべての人々を生まれながらにして侵すことのできない権利を有する存在であることを認識し，いかなる理由によってもその権利の抑圧・侵害・略奪を容認しない。

Ⅲ（社会正義）　ソーシャルワーカーは，差別，貧困，抑圧，排除，無関心，暴力，環境破壊などの無い，自由，平等，共生に基づく社会正義の実現をめざす。

Ⅳ（集団的責任）　ソーシャルワーカーは，集団の有する力と責任を認識し，人と環境の双方に働きかけて，互恵的な社会の実現に貢献する。

Ⅴ（多様性の尊重）　ソーシャルワーカーは，個人，家族，集団，地域社会に存在す

る多様性を認識し，それらを尊重する社会の実現をめざす。

VI（全人的存在）　ソーシャルワーカーは，すべての人々を生物的，心理的，社会的，文化的，スピリチュアルな側面からなる全人的な存在として認識する。

倫理基準

Ⅰ　クライエントに対する倫理責任

1．（クライエントとの関係）　ソーシャルワーカーは，クライエントとの専門的援助関係を最も大切にし，それを自己の利益のために利用しない。

2．（クライエントの利益の最優先）　ソーシャルワーカーは，業務の遂行に際して，クライエントの利益を最優先に考える。

3．（受容）　ソーシャルワーカーは，自らの先入観や偏見を排し，クライエントをあるがままに受容する。

4．（説明責任）　ソーシャルワーカーは，クライエントに必要な情報を適切な方法・わかりやすい表現を用いて提供する。

5．（クライエントの自己決定の尊重）　ソーシャルワーカーは，クライエントの自己決定を尊重し，クライエントがその権利を十分に理解し，活用できるようにする。また，ソーシャルワーカーは，クライエントの自己決定が本人の生命や健康を大きく損ねる場合や，他者の権利を脅かすような場合は，人と環境の相互作用の視点からクライエントとそこに関係する人々相互のウェルビーイングの調和を図ることに努める。

6．（参加の促進）　ソーシャルワーカーは，クライエントが自らの人生に影響を及ぼす決定や行動のすべての局面において，完全な関与と参加を促進する。

7．（クライエントの意思決定への対応）　ソーシャルワーカーは，意思決定が困難なクライエントに対して，常に最善の方法を

用いて利益と権利を擁護する。

8．（プライバシーの尊重と秘密の保持）　ソーシャルワーカーは，クライエントのプライバシーを尊重し秘密を保持する。

9．（記録の開示）　ソーシャルワーカーは，クライエントから記録の開示の要求があった場合，非開示とすべき正当な事由がない限り，クライエントに記録を開示する。

10．（差別や虐待の禁止）　ソーシャルワーカーは，クライエントに対していかなる差別・虐待もしない。

11．（権利擁護）　ソーシャルワーカーは，クライエントの権利を擁護し，その権利の行使を促進する。

12．（情報処理技術の適切な使用）　ソーシャルワーカーは，情報処理技術の利用がクライエントの権利を侵害する危険性があることを認識し，その適切な使用に努める。

Ⅱ　組織・職場に対する倫理責任

1．（最良の実践を行う責務）　ソーシャルワーカーは，自らが属する組織・職場の基本的な使命や理念を認識し，最良の業務を遂行する。

2．（同僚などへの敬意）　ソーシャルワーカーは，組織・職場内のどのような立場にあっても，同僚および他の専門職などに敬意を払う。

3．（倫理綱領の理解の促進）　ソーシャルワーカーは，組織・職場において本倫理綱領が認識されるよう働きかける。

4．（倫理的実践の推進）　ソーシャルワーカーは，組織・職場の方針，規則，業務命令がソーシャルワークの倫理的実践を妨げる場合は，適切・妥当な方法・手段によって提言し，改善を図る。

5．（組織内アドボカシーの促進）　ソーシャルワーカーは，組織・職場におけるあらゆる虐待または差別的・抑圧的な行為の予防および防止の促進を図る。

6．（組織改革）　ソーシャルワーカーは，

人々のニーズや社会状況の変化に応じて組織・職場の機能を評価し必要な改革を図る。

Ⅲ　社会に対する倫理責任

1．（ソーシャル・インクルージョン）　ソーシャルワーカーは，あらゆる差別，貧困，抑圧，排除，無関心，暴力，環境破壊などに立ち向かい，包摂的な社会をめざす。
2．（社会への働きかけ）　ソーシャルワーカーは，人権と社会正義の増進において変革と開発が必要であるとみなすとき，人々の主体性を活かしながら，社会に働きかける。
3．（グローバル社会への働きかけ）　ソーシャルワーカーは，人権と社会正義に関する課題を解決するため，全世界のソーシャルワーカーと連帯し，グローバル社会に働きかける。

Ⅳ　専門職としての倫理責任

1．（専門性の向上）　ソーシャルワーカーは，最良の実践を行うために，必要な資格を所持し，専門性の向上に努める。
2．（専門職の啓発）　ソーシャルワーカーは，クライエント・他の専門職・市民に専門職としての実践を適切な手段をもって伝え，社会的信用を高めるよう努める。
3．（信用失墜行為の禁止）　ソーシャルワーカーは，自分の権限の乱用や品位を傷つける行いなど，専門職全体の信用失墜となるような行為をしてはならない。
4．（社会的信用の保持）　ソーシャルワーカーは，他のソーシャルワーカーが専門職業の社会的信用を損なうような場合，本人にその事実を知らせ，必要な対応を促す。
5．（専門職の擁護）　ソーシャルワーカーは，不当な批判を受けることがあれば，専門職として連帯し，その立場を擁護する。
6．（教育・訓練・管理における責務）　ソーシャルワーカーは，教育・訓練・管理を行う場合，それらを受ける人の人権を尊重し，専門性の向上に寄与する。
7．（調査・研究）　ソーシャルワーカーは，すべての調査・研究過程で，クライエントを含む研究対象の権利を尊重し，研究対象との関係に十分に注意を払い，倫理性を確保する。
8．（自己管理）　ソーシャルワーカーは，何らかの個人的・社会的な困難に直面し，それが専門的判断や業務遂行に影響する場合，クライエントや他の人々を守るために必要な対応を行い，自己管理に努める。

注1．本綱領には「ソーシャルワーク専門職のグローバル定義」の本文のみを掲載してある。なお，アジア太平洋（2016年）および日本（2017年）における展開が制定されている。
注2．本綱領にいう「ソーシャルワーカー」とは，本倫理綱領を遵守することを誓約し，ソーシャルワークに携わる者をさす。
注3．本綱領にいう「クライエント」とは，「ソーシャルワーク専門職のグローバル定義」に照らし，ソーシャルワーカーに支援を求める人々，ソーシャルワークが必要な人々および変革や開発，結束の必要な社会に含まれるすべての人々をさす。

●著者紹介●

山本　克司（やまもと　かつし）

愛媛県松山市生まれ

私立愛光高等学校卒業

明治大学法学部・早稲田大学大学院法学研究科博士前期課程・帝京大学大学院法学研究科博士後期課程を通して法学の視点から「人権・権利擁護」を研究。早稲田大学社会科学部・佛教大学大学院社会福祉学研究科博士後期課程を通して社会福祉の視点から「人権・権利擁護」を研究。法学と社会福祉学の学際領域である高齢者の権利擁護が専門分野。

博士（社会福祉学），社会福祉士

現在，安田女子大学現代ビジネス学部教授・愛媛大学医学部非常勤講師

主な著書

Introducción al Derecho Japonés Actual　共著（ARANZADI（スペイン），2013年）

『権利擁護を支える法制度』編著（中央法規，2021年）

『権利擁護を支える法制度』共著（みらい，2021年）

『医療・看護に携わる人のための人権・倫理読本』共編著（法律文化社，2021年）

Horitsu Bunka Sha

福祉に携わる人のための人権読本〔第2版〕

2009年4月20日　初　版第1刷発行
2023年9月15日　第2版第1刷発行

著　者　　山本克司

発行者　　畑　　光

発行所　　株式会社　法律文化社

〒603-8053
京都市北区上賀茂岩ヶ垣内町71
電話 075(791)7131　FAX 075(721)8400
https://www.hou-bun.com/

印刷：中村印刷㈱／製本：㈲坂井製本所

装幀：奥野　章

ISBN978-4-589-04281-1

村岡　潔・山本克司編著

医療・看護に携わる人のための人権・倫理読本

A5判・182頁・2530円

医療現場で生じる人権や倫理に関する問題に対応することができるように法学・医学・看護学等の基礎知識をわかりやすく解説。キーワードや図，事例を用いて，知識やポイントをつかめるよう工夫。ケース・スタディ編では応用問題を考える。

木俣由美著

ゼロからはじめる法学入門〔第2版〕

A5判・232頁・2640円

大学祭執行マニュアルに見立てて民法の体系を説明するなど，法の世界のおもしろさを初学者に向けてわかりやすく説く。民・商法の大改正，選挙権年齢引下げ，裁判員辞退率の増加など，最新の動向に対応し，改訂。

林　誠司編

カリンと学ぶ法学入門〔第2版〕

A5判・210頁・2530円

大学1年生のカリンの日常生活から法律の考え方やエッセンスを学ぶ。初学者が関心をもてるように各章の導入とまとめを登場人物の会話で示す。民法改正など昨今の法改正に対応し，図表・資料をアップデートした。

現代憲法教育研究会編

憲法とそれぞれの人権〔第4版〕

A5判・234頁・2860円

当事者のおかれた現実を憲法の視点から検証しつつ，現実に抵抗する際の憲法の力に着目する。外国籍保持者やジェンダーをめぐる問題など昨今の人権をめぐる動向を全面改訂。新聞記者の眼から人権問題に迫るコラムも新設。

宍戸常寿編〔〈18歳から〉シリーズ〕

18歳から考える人権〔第2版〕

B5判・106頁・2530円

人権によって私たちはどのように守られているのか？　ヘイトスピーチ，生活保護，ブラック企業……人権問題を具体例から読み解く入門書。SDGs，フェイクニュース，コロナ禍の解雇・雇止めなど，人権に関わる最新テーマにも言及。

―――――法律文化社―――――

表示価格は消費税10%を含んだ価格です